カミングワ

家族を癒す沖縄の正しい家相

〈新装版〉

長嶺伊佐雄
長嶺哲成 著

ボーダーインク

まえがき

〈新装版〉に際して

長嶺 哲成

この本には、「人の健康と家の造りにはとても深い関わりがある」ということが書かれています。

「家は人間にとって母体と同じ。母体が健全であればその中で育つ人間も健康になる」

父・長嶺伊佐雄は常々そう語り、人の心と身体を健康にする家とはどういうものか、一人でも多くの人にわかってもらおうと努めていました。

「病院で治らない病気のほとんどは、まず第一にその人が住んでいる土地屋敷、または造った家に問題がある」

父の言葉は世間の常識からするとあまりにも突飛で、当初は周りの人を困惑させたり怒らせたり、親戚からは「伊佐雄がおかしくなった」と哀れまれたりもしました。しかし、中には藁にもすがる思いで父の言葉を信じ、実際に家を改造したり建て直したりする方たちも、少しずつですが増えていったのです。

この本が世に出たのは、実際に家を直して、病院に通っても良くならなかった家族の病気や心の病いが改善したと語る方々が数多くいらっしゃったからこそ。本の中にはそのうち十二家族の方々の体験談が掲載されています。また、どのように家の間取りを改善したかがわかるように、簡単な図面も挿入してあります。「正しい家相」とはどういうものかを証言する方々がいらっしゃるという点で、この本は他の風水の本とは大きく趣を異にしています。

『カミングヮ』が最初に出版されたのは一九九八年十二月。それ以降、版を重ねてたくさんの方々に読んでいただくことができ、初版から約十三年たった今年（二〇一一年）、新装版として書店に並ぶこととなりました。これだけ息の長い本になったのも、家を直して家族が変わったというお話を詳しく聞かせてくださった皆様、いわば、人の健康と家の造りには密接な関係があることを実体験を通して証言してくださった方々のおかげです。新装版の発行を機に、改めて御礼申し上げます。

父の言う「正しい家相」とはどういうものかについてもこの本には詳しく記していますが、要点をいくつか挙げると、「家を建てる土地は清めること（地中に汚物や廃棄物などがあれば撤去する）」、「朝日がよく入るように家は南か東に向けて建てる」、「台所やトイレなどの水回りは北西に小さくまとめる」などです。ここまで書くとお気づきになる方もいらっしゃるでしょうが、沖縄では昔からよく言われていた家を造る際の教えそのものです。今ではその存在さえ知らない若い方々も多いのですが、父は、その伝統的な家造りこそ住む人の健康を守るための先人の知恵だったと語り、病院で治せない病気は、家を正しく治せば必ず改善すると訴えていました。

このような家の造り方についての知識を、父は専門的に学んだわけではありません。正しい家の造り方を教えてくれたのは、父にしか聞こえない先祖の声でした。父は沖縄の言葉でいうサーダカウマリ。霊と語ることができる不思議な力を持った生まれをした人だったのです。

多くの人は、このような人の言葉を鵜呑みにすることはできません。霊感がまったくない僕自身がそうでした。父が家相の話をし始めた当初は、否定はしなくても、信じるための根拠が薄いと感じていたのです。しかし、父の言葉を信じて家を直し、家族の健康が取り戻せたと証言する方々が次々と現れたことで、僕の考え方が変わりました。皆さんの証言は、家の造りと健康には深い関わりがあるということの証拠です。それをできるだけわかりやすく記録に残してみよう、そういう思いから『カミングヮ』は出版されました。

この本は、大きく分けて三つの章で成り立っています。

第1章は、先祖の声を聞くという不思議な力を持って生まれた父・長嶺伊佐雄とはどういう人物なのかをわかっていただくため、本人の言葉で半生を振り返ってもらいました。

第2章は、家を変えて難病が治ったという家族の証言集です。どのような病いが、家をどう直すことで改善したかをご家族の言葉で語っていただきました。

第3章では、父が先祖の声に教えられたという「正しい家の造り方」を解説しています。


『カミングヮ』が刊行されて約十三年。父の話を聞きに多くの方々が訪れ、実際に家を改築・新築されました。皆様には父の言葉に耳を傾けていただき、本当に感謝しています。

ただ、申し訳ないことに、父・長嶺伊佐雄は、二〇一〇年夏に、「次の仕事があるから」とこの世を去ってしまいました。実際に土地を見たり、家の図面を見たりしながら相談することができなくなったことを皆様にご報告しなくてはなりません。

父亡き後にも本を出版し続けていいものか、家族としてはそうとう悩みました。書店に半年以上も品切れ状態が続いている中、『『カミングヮ』への問い合わせが多い。必要とされているのなら出した方がお父さんのためにもいいのではないか」というボーダーインク社の新城和博さんの声に背中を押され、時間はかかりましたが、ようやく新装版のまえがきを書き直すことができました。この本を必要としてくれる方々、そして新城さんに改めて感謝しています。

それにしても、父の「新しい仕事」って何なのでしょう。家族がそろうとときどきその話になります。生前、父が語っていた言葉をそれぞれ思い出しながら、あれこれ想像し合ったりしています。僕自身は、父が今から二〇年くらい前に語っていた「自分が死んだ後は、女の子が生まれて自分と同じ仕事をするよ」という言葉が気になっています。父に家相について教えてくれた先祖のように、父の次の仕事とはその子を育てることなのでしょうか。こんなことを夢想してもしょうがないのですが、願わくば、その子が早く登場してくれますように。それまでは、この本が少しでも皆様のお役に立てば幸いです。

二〇一一年　夏　長嶺 哲成

カミングワ

家族を癒す沖縄の正しい家相――《もくじ》

第2章　家相が人に及ぼす不思議な力　55
～十二家族の証言集～

第3章　正しい家の造り方　～神々に無礼にならないように～　171

※本書は一九九八年に刊行されたものを二〇一一年、新たに「まえがき」をかえて新装版として刊行しました。

第1章

不思議な〝声〟に導かれて

～長嶺伊佐雄が語る数奇な半生～

父親が霊能力者だと知ったのは僕が二十歳くらいの頃だったと思う。祖先の声を聞くと聞いて家族みんなで感動したり面白がったりしたが、当時四十代前半だった父は普通に働いていたし、実生活には何の変化も影響もなかった。悲しいくらい凡人の僕は、霊感が強いのだからと試しに父に宝くじを買わせるという恩知らずなこともしたが、罰が当たったのかくじは見事にはずれた。特に目立った成果を見えない父の霊能力は、僕にとってその程度の関心事でしかなかったのだ。

ところが、それから数年たった頃から、父を訪ねてくる人が少しずつ増えてきた。話を聞くと、知人から家相を見る人がいると聞いてやってきたという。間もなく、家を改築して難病が治ったと報告に来る人が現れ始めた。それも一人や二人ではないのだ。僕が父の力に興味を持つようになったのはそれからだ。難病が治るとはどういうことか、昔はそんなことなどできなかったはずなのに、霊能力はパワーアップしているのか、そもそもいつ頃からそんな力を持っていたのか……。尋ねてみたいことが山ほど出て、一日に二時間も三時間も話を聞くようになった。一度過去を語り出すと、話す回数を重ねるたびにどんどん細かい点まで思い出してくれるものだ。僕は三日から一週間ほど間隔を開けて、父の昔話を何度も何度も聞き返した。

のべ十何時間も父とひざを交え、話を聞いた。飽きなかった。これまで断片的には耳にしていた父の過去だが、つなげてみると、よく耐えることができたものだと思わざるを得ないほど父は数奇な運命をたどっていた。以下は、本人の語り口でそれをまとめたものだ。

長嶺 哲成

六歳で戦争孤児となる

僕が生まれたのは一九四〇（昭和一五）年一月二日、フィリピンのミンダナオ島で。この島でお父さん（長嶺栄吉・豊見城村名嘉地出身）は開拓移民として綿栽培をしていた。最初は今で言う単身赴任でね、沖縄にお母さん（妻・長嶺カミー）と長女、次女、長男の三人の子どもを残して、昭和の初め頃、海を渡ったらしい。それから何年かして事業に成功したんだろうな、故郷の人たちを数多く呼び寄せて、お母さんも呼び寄せたらしい。そのとき長女姉さんが「お母さん一人で山に行かせるのは大変だから」と、二人で出向いたわけ（注：当時フィリピンは未開の奥地「山」というイメージがあったようだ）。沖縄には、次女と長男だけがお祖父さんお祖母さんの家に残って。お母さんがフィリピンに来てから、次男と三男の僕、三女がそこで生まれた。

フィリピンのことはあまり憶えていない。物心つくころはもう戦争も末期だから。戦火に追われて山を歩き回ってね、サルを捕って食べたりして暮らしたというのしか憶えていない。五、六歳くらいまでのことだから。

フィリピンの山中で家族も親戚もみんな捕虜になって、何日かかけてふもとの収容所に連行されたと聞いた。その途中でお父さんと叔父さんなんかは日本兵に引っ張られて行って、お父さんはそこで日本兵に撃たれて亡くなった。その夜に逃げ帰ってきた叔父さんがみんなにそう話していたらしい。

収容所に集められた日本人は日本に送られて、僕たち沖縄の人も船に乗せられて、最初は福岡に上陸した。食べるものがなかったんだろうな、そこではお母さんが栄養失調で亡くなっている。引き揚げてせっかく日本の土を踏んでも、故郷に帰る前に力尽きて栄養失調で亡くなる人はとても多かったと聞いているよ。

フィリピンから連れられてきた僕らのきょうだい四人は、福岡で戦争孤児になった。長女姉さんは二十歳を過ぎていたはずだけど、下の三人の親代わりとしてはまだ早すぎる。僕らは孤児院に入れられ、姉さんはそこでまかないの仕事を手伝っていたよ。一年くらいいたかどうか、ちょっと分からないけど、引き揚げた人たちから話を聞いたおじさんが沖縄から面会に来てくれて、それで帰ることができた。そのとき僕はまだ数え七歳くらい。

沖縄では、お祖父さんもお祖母さんも長男の清栄兄さんも亡くなっていてね、生き残っているのは次女だけだった。だから、帰ってきても住む家がない。一時は豊見城村我那覇の親戚の所に預けられたわけ。で、長女姉さんは僕らを育てるために軍作業歩いてね、軍作業で着物の縫い作業、そういう仕事をやっていたわけよ。それから糸満に嫁いだ次女姉さんが、「自分たちの家は大きいから一緒に暮らそう」と言ってくれて、それで僕は糸満の方で学校行っているわけ。一応三年生までは向こうで学校歩いたのを憶えている。

自分だけに聞こえる女の人の声

「おーい」という声が聞こえ始めたのはその頃からだね。

七歳くらい。福岡の孤児院から沖縄に帰ってきたくらいからじゃないかな。最初は夢か現実か分からない。場所もどこというのは分からないけど、自分は山の中の大きな木の下にいるわけ。そこで、大通りの方から僕を呼ぶ人がいるわけね。大通りと言っても山すその道で、今の農道みたいな所から「おーい」って声がする。実際にそういう場所に立っているわけではないんだけど、声がするときはその風景がいつも頭に浮かんで来た。今でもよく憶えているよ。

声は聞こえはするけれど、だれが呼んでいるかは分からない。最初は夢の中で始まったのかもしれないね。でも、そのうち起きている間にも声が聞こえ始めて、特に、木陰に入ると必ず聞こえてきた。我那覇・名嘉地には、今はないけど、木の繁っている所がいっぱいあったからね。だからいつも振り向くわけ。一回二回だと忘れてしまうけど、続くと声も憶えてしまうわけ。あい、今日もまた呼びよるって。どういうふうに言っていいのか、女の人の声で、とても透き通っている声。「おーい、おーい」って。でも、それがどういうことなのかは全然分からない。ただ、不思議なだけ。

糸満に売られ、八重山で過ごした少年時代

小学校三年の夏休み、七月二十七日だったと思うけど、糸満に売られた。生活が苦しいというのもあるけれど、また自分が、何というか、暴れまくっていたというか、もう、手当たり次第に人をいじめて、物をかっぱらってきて食べるとか、兄貴がいじめられたら仕返しに行くとか、とにかく手がつけられなかったらしい。学校も行かないで田魚《たーいゆ》（ふな）捕りに行って売ったり、お腹空いたら畑回ってニンジンかっぱらって食べたり、人の物をかっぱらうというのは、あの何もない時代はとても嫌がられることだった。長女姉さんは、人に迷惑かけるのを一番嫌っていたからね。自分の兄弟がこんなウーマクー（やんちゃという意味だが、この場合はもっと悪く『不心得者』）になるのを嫌がっていたから、人に迷惑かけるんだったら（糸満に行って）死んでこいという、愛情のむちでもあったんだろうな。

糸満に売られた男の子たちは、海人《うみんちゅ》（漁夫）として八重山で働かされる。八重山では、ちょうどもう原始時代みたいにして、売られてきた子どもというのは、パンツもはかない生活だった。僕も売られた当時はまだ十歳だったからね、街の中にもマルバイ（丸裸）して行った。恥

ずかしいという気持ちはないよ。あの時代はほとんどの子どもがマルバイしていたからね。糸満に売られた子どもたちはみんな丸裸っていう生活をしていたよ。

当時の漁は、サバニ（海人が使う小型の漁船）がちょっと大きくなったようなものにね、十二、三人が乗って働いていた。二十歳前後の人が年長組でね。だいたい二十一歳になると、売られてきた人たちっていうのは満期して帰っていくから。売られたといっても、何年か働けば借金が帳消しになるという仕組みで、戦前からそう決まっていたらしい。

漁っていうのは、ひと網でいろんな魚を取る「チナカキエー」という漁が多かった。袋状の網に魚を追い込んでいくっていう漁法。船いっぱい魚を積んで三千斤（一・八トン）っていうぐらいにして言われていたね。また、魚だけでなくて、ビルマとか豪州あたり、南方に行ってナチョーラー（海人草）採ったり、ブートゥと言って寒天の材料（テングサ）採ったり、貝殻採ったり、これが下っぱの仕事だった。冬の寒いときなんかは主にタコ取り。そんな海の仕事ばかりを一年中、十八歳ぐらいまでやっていた。

外国の海に出ることもあるけど、ふだんは西表に一カ月、あるいは竹富に一週間、小浜に何週間とか出かけて漁をするわけ。あっちこっちの海に行くときにはね、旅やーどぅい（仮宿）というのがあって、船の帆を屋根代わりにした掘立て小屋で寝泊まりするんだけど、ここでの炊きものは薪《まき》を使うから、下っぱは薪拾いに行かないといけないわけ。乗組員のうち、だいたい半分が下っぱ。だから五、六人で探しに行った。どこの島で生活している人も薪を燃やす時代で、薪拾いは簡単ではなかったよ。けれども、島の御嶽《うたき》（森などにある、神を祀《まつ》った聖地）にはたくさんある。海で生活している人たちは神事《かみぐとう》を大切にするし、信仰心はとても強い。朝は坊主の話をするな、針も使うなとか、意味は分からないけど言われていたし、御嶽は聖地だから怖がって「入るな」とも言われたけれど、薪を少なく持っていって怒られるよりはと、僕は御嶽に行って「掃除します」とそこの神様に声をかけて薪を拾っていたわけ。

だけど、御嶽から持っていった薪は量も多いからすぐにバレる。お前どこから取ってきたかと問い詰められて、すぐ戻して御嶽に詫び入れてこいと、また出されよった。でも、一回集めた薪は戻せないよ、もったいなくて。だから御嶽の外側に置いて、次の日に拾う分にしたんだけどね。御嶽は怖いと教えられていたけど、自分は大丈夫だと思っていた。御嶽での薪拾いはそのうちみんなが見て見ぬふりをするようになったよ。それだけ薪は貴重だったから。何も悪いことが起きないので、自分はサーダカ（せじ高い人・霊力がある人）だと思われていたはず。船には船霊《ふなだま》様という神様を船長室に祀っていて、普通は船長がいろいろと拝みをするんだけど、いつの間にかお供え物したり手を合わせるのは自分の仕事みたいになっていたし。

「おーい」と呼ぶ女の人の声は、八重山に行っている間もずっと聞こえていたよ。特に印象に残っているのは、十三歳のときなのかな、マラリアにかかって、知念産婆が──知念キヨさんという産婆さんがいてね―その人が注射とかいろんなことしてくれたとき。ずっとうなされていたらしいけど、寝込んでいた自分にそのとき聞こえていたのは「おーい、おーい」と繰り返して呼ぶ声だけだったもんね。

十八のときに八重山から逃げて帰ってきたよ。仕事も苦しいしね、子どもにとって、寒さとひもじさはそうとうつらいものだった。食べる物は網元からはたっぷりあったけれど、先輩方に奪われるし、ふんどしやタオル、冬になったら毛布着《じん》というものも支給されたけど、それも没収さー。「誰が取った」といえばまた殺《くる》される（なぐられる）さーな。こんな生活だから逃げ出したくて、また、とってもきょうだいに会いたくて。もう、十五、六歳くらいからは早く沖縄に帰りたい帰りたいと思っていた。チャンスが来たのは十八になったばかりの冬だったね。親戚が沖縄から来ていたときに、その人の船に夜中もぐり込んでね、ズボン一本だけの姿で密航した。

ポンポン船だから、沖縄までは三日くらいかかりよった。だから途中でバレたんだけど、この知り合いの人が「自分の親戚だから」とかばってくれて、沖縄まで連れてきてくれた。でも、船が糸満の港に着いても、昼出ると捕まえられるという怖さがあるからすぐには出られないわけ。港は今のように上等じゃないので船を横付けはできなくて、沖の方に船は泊めてサバニぐゎー（小舟）とかで人や荷物は移動する時代だったからね。そのサバニ船に（密航者である）

自分は乗っていくことができないもんだから、みんなが寝静まった頃、沖の船から岸まで泳いで渡った。二、三百メートルくらいだから。

漢字が読めない

で、しばらくは(豊見城村)名嘉地で親戚の手伝いなんかしていたけど、車の免許が取りたくて那覇市小禄の八重富運送という所に入って、そこに住み込みで働き始めた。免許を取らせてあげるというから、取るまではずっとここにいたわけよ。

そこの社長は精肉業もしているもんだから、僕は屠夫として働いていた。豚殺さー《わーくる》(豚の屠殺業)。豚縛りに行ったり、どこかの豚積みに行くときには親父(社長)の車に便乗して運転習ったりしてね。

「もうお前、これぐらいできたら免許取れるから受けてこい」って言われて、屠殺場から牧志の公設市場に肉を運んだ帰りは毎日試験場に行って試験受けてやっているんだけど、もうしょっちゅう落ちてばっかり。試験料はB円の百二十円くらいじゃなかったかね。そばが十円、芝居が二十円の時代だから結構な金額だけど、あの時代は運転手が不足していたので会社がお金は出してくれた。その代わり、免許取ったら一年間は転職できないというのが条件だった。

　僕らの試験場は今の三重城の所。黒いひもで枠作って、その枠の中から幅寄せしてここからここまで何分で出しなさいっていう規定があって、そういう練習はよくやっていたけれども、何しろ僕は学科が分からない。で、学科だいぶ落ちて、何回も何回も落ちてくるもんだから、あとは八重富運送の社長が、「どうしてこの子がこんなに落ちるのか、不思議でならない」って試験場の人に聞きに行ったら、試験官の人に「この人、字が読めないんではないか」って言われたらしい。戻ってきた社長が「お前、これなんて読むか」って僕に聞いたときに、分からないって返事したんだろうな、僕が。社長は「あー、そうか」って、近所の又吉さんというお姉さんの所に行って、「お前、この子に字教えてくれんか」って言ってくれたわけ。このお姉さんは恥ずかしそうにしていたもんだから、僕は自分で法規の本買ってきて、漢字にかなふってくれってお願いした。かなは読めるから。

　本に書かれている漢字を毎日書く練習さーな、それからは。で、字を憶えて免許取るためにそればっかりやっていた、三カ月くらいずっと。言葉の意味も分からないとダメだから、運送会社の運転手たちが漢字とか用語の説明をしてくれたわけ。それでようやく免許の試験に合格した。試験官の人なんかもみんな自分の顔は知っているわけよ、しょっちゅう通っていたから。時間の許すときは一日二回も試験は受けられよったので、計算するともう二十何回か落ちてるもんね。だから試験官みんな知っているというか、かわいそうだと思ったんだろうな、学科試験に通ったときには、「おーい、十七番、合格したなー」みたいにして喜んでくれた。

午後からの実地試験は幅寄せだったんだけど、毎日やっていることだから早すぎるくらい早く幅寄せしたもんだから、「そうとう無免許運転したなー」と試験官に聞かれて「ハイ」って元気良く答えたのを憶えている。学科に受かってとにかくうれしかったんだろうな。その日のことは今でもとても印象に残っているよ。

後にも先にも試験受けたのはこれ一つ。

神がかりの症状、相次ぐ受難

免許も取って、豚を縛ったり積んだり、ツブしたりするのが仕事だったけれど、こういう仕事をしながらも逃がれられないのがあってね。「おーい」と呼ぶ声はただ聞こえるだけだからいいんだけど、それ以外にも変なことが起こり始めていた。その頃、まだ十八歳ぐらいの時で、酒も何も飲まないけれど顔が真っ赤になったり、突然酔っぱらったりし始めたわけよね。ただ座っているだけなのに体が揺れるわけ。

豊見城村に住んでいた長女姉さんの所にも、自分は酒も飲んでないのに酔っぱらうよーと相談に行って、姉さんにも「お前《やー》や生まり高さんどー（霊感が強い生まれだ）」と言われたんだけどね、若いっていうのがあったので、神ごとというのか、拝みごとっていうのは知らないし、最初はただ戸惑うだけだった。でも、それが続くとやはり嫌になって、何とかそんな自分から逃げ出したくなる。環境を変えてみようと考える。沖縄（本島）にいたら酒を飲んでもいないのに酔っぱらうからと思って、十八歳の末には八重山に行って運転手していたわけ。免許を取らせてもらった八重富運送の社長には申し訳なかったけど、試験にかかった費用は働いて返しますからと相談すると、社長も僕の症状を知っていたので理解してくれた。それで沖縄を離れたわけ。八重山でもかかる（酒を飲んでもいないのに酔っぱらう）んだけど、沖縄にいるほどじゃなかったから三年ぐらいそこに住んでいた。

　で、二十一歳のとき、長女姉さんから「沖縄に帰ってこい。拝みするべきものがいっぱいあるみたいだから」とすごく心配して手紙が来ていた。「ユタの家に行っても自分の家のことは何も出ないのに、行く所行く所みんなあんたのことが出る。『生まりまぎさし（直訳すると生まれが大きい者。ここでは、霊能力を持ち、何か役目を持って生まれてきた者という意味）がいるから、これのことをやってから（生まれが大きい者にはちゃんと霊能力を使えるようになるまで開眼させてから）拝みなんかはこれにやってもらいなさい』としか言われないから、帰ってこい」と。

　帰ってきて、今度は小禄畜産でまた豚殺さーしていたけれど、やっぱりかかるのよね、毎日が毎日「酔っぱらう」わけじゃないけれども。

姉さんに拝みごとしないといけないからよーと言われて、連れられて会いに行ったユタの人たちは「神人《かみんちゅ》（神に仕える者）の道開けなさいよー」と言う。けれど、こっちも自分一人で生活しているさ。八重富運送時代は住み込みだったけど、今度はペリー（那覇市山下町近辺）で家借りて自炊していたわけ。生活に追われているというのもあったし、拝みのことはまったく意味が分からない話が多いからと、逃げていた。それが悪かったのか、大きな事故に遭ったわけよ。あの明治橋（那覇市）の上で。二十一歳の時だった。

小禄畜産の車運転しているときに米軍トラックに正面衝突されてね、車の前の部分は全部潰されて、ブレーキのパイプも全部ちぎられていたというし、運転台の方も押し潰されていた。両足も座席とハンドルの下の部分に挟まれていたから、履いてたゴムの長靴を包丁で切って出したぐらいだったよ。橋の鉄柵に助けられて、川には落ちなかったので命は助かったけど。はっきり見える大ケガというのはないからと病院には行かなかった。今みたいに何かあればすぐ病院に行ける時代じゃなかったんだね、お金の心配もあるし。でも、挟まれていた足はもちろん、首や腰がだるくて、自分の部屋に戻って一度寝込んでしまったら一週間くらい動けなくなった。ご飯も食べられなかったよ、水ばかりで。

一週間ぐらいして動けるようになって何か食べないといけないと思っていたときに、小禄畜産で働いていた友達がどんなかぁって訪ねて来て、あのときはお金をもらったのか食べに連れていってもらったのか憶えていないけど、近くに愛ちゃん食堂というのがあったからね、そこでそば食べて、それから仕事に復帰した。

会社は軍の方から相当な金額もらったよという話をしていたけど、自分には何もなかった。それがあの当時の会社というか、人の値打ちというか、そんなもんだっただろうし、今のようにぶつけられたら保険で償ってもらえるっていう世の中ではなかったんじゃないかな。これだけの事故だから新聞にも載って、でも今のように各家庭に配られる時代ではまだなかったからね、「新聞に載っているよー、お前の弟じゃないか」って言われた豊見城の長女姉さんが訪ねて来たのは、二週間ぐらい後だった。

この事故の後からね、「おーい」という声の他に、ちょうど運動会のときとかそば通ったら大勢の人の声がわいわい聞こえるでしょう、あれみたいにね、大勢の声が聞こえるようになった。これは事故の後、自炊しながらの生活は難しいからと思って、大嶺の家に下宿するようになってから。二十二歳くらいだね。最悪だったよ。自分一人だけに大勢の声が聞こえる。今考えても一番嫌な現象だった。

酒も飲んでいないのに酔っぱらいみたいに胴振い《どぅーぶぃ》(体がふらふら揺れること)したり、顔が赤くなったりするのも続いていた。(下宿先の)大嶺のおばあが「うぬ童《わらべ》ー、昼間っから酒飲《さきぬ》どーんで（この子どもは昼間から酒を飲んでいるよ）」とびっくりして顔を近付けても、酒の匂いはしない。そんなのが何回かあるから、おばあが「ユタの家《やー》かい行《ん》じくーわ（ユタの家に行け）」って行かしよった。で、ユタのおばあが「生まりゆーねーすんどーやー（なんだか霊感が強い生まれのようだ）」といって、何かに「習《なら》ーちくぃみそーり（どうしてこんなふうになるのか教えてください）」と拝んだら、酔っている状態ははずれてまた正常になるわけよ。

それからは自分からそのユタの家に行くようになった。そこでは「神の子《かみんぐゎ》、自分《どぅー》ぬ道や自分《どぅー》で《し》開きりよー（神の子よ、自分の道は自分で開きなさい）」という言い方をしよったわけよ。「兄さんむのー誰《たー》がん誰《たー》がんならんどー（兄さんの能力を開眼させるということは誰にでもできるというものではないから）」とかってね。違う所を二、三カ所回ってもそういうこと言われる。自分で《どぅーし》開きりよーと言われても意味が分からないもんだから、自分は何かなあと悩んだよ。

僕を八重山から呼び寄せた長女姉さんも、「ユタの家でこういうこと聞いてきたんだなー」と思った。でも、姉さんもやりようがないわけでしょ。何をやっていいか分からないのは一緒だから。ユタにやりなさいと言われたことはするけど、何も変わらないし、それ以上何もやりようがない。例えば、自分の先祖を順序良くちゃんと崇めなさい、自分の親とかおばあちゃんたちを大事にしなさい、どこどこに行って手を合わせてきなさい……言われたらこんなのはやるけど、これが自分の道を開けることになるとは思えない。

不思議な病気にもかかったよ。二十二歳で結婚して、次男が生まれた後だから二十六、七歳くらいのときかな、突然ノドが腫れてきた。唾を飲むだけで痛い。熱もあったし、ノドが痛くてご飯も食べられないからげっそりやせてね。職場のみんなも、「お前、これは病院行かないと」と心配するので、診察受けたら喉頭なんとかと言われて、沖縄では治せないとお医者さんが言うわけ。ガンに似た症状だけど放射線治療で治るからと、大阪の阪大病院に紹介状持たされて、復帰前だからパスポート取って大阪に行った。二、三日は治療したのかはっきりとは憶えていないけど、そのうち水飲んでも痛くなくなった。飯も食べられそうだと思って、病院の売店でおにぎり買って食べたら普通にノドを通る。検査ばかりであんまり治療した記憶はないんだけどね。

一週間くらい病院にいて、「あんたはもう何でもないから帰りなさい」と言われた。放射線治療も一回くらいしかやらなかったはずなのに、あぁ、完全には治らないうちに帰されるのかなあと心配だったけど、あとが詰まっているからと言われて帰された。食べられるようになって少しは安心していたけど、それでも内地行って帰って来たときには、「何であんた、こんなにやせて」ってしかみんなに言われなかったよ。それくらいやせていた。何の病気だったのかは今でも分からないよ。もう不安でね、あれから、自分であっちこっちを拝みして回るようになった。

その頃には、「おーい」と呼ぶ女の人の声だけじゃなくて、ものすごく雑音が聞こえるわけ。もう死人のほとんどが僕の所に来たなという感じ。いっせいに何かを言っている。もう、何がなんだか分からなくて、ユタの家にもまた通い続けた。

自分の故郷である豊見城村のユタの人たちは、「お前は根神《にーがん》アジシの見立てぃん子《ぐゎ》（見立て子）だよ」と、今度は今までとは違ったことを言い始めた。「根神アジシ」というのは我那覇・名嘉地の人たちが大切にしている拝所で、今から十八代前、だいたい一代二十年と考えて約四百年くらい前に神の子として祖先に見立てられ、村の神事を司っていた女の人を祀っているという。自分はその人に同じように見立てられたということらしい。那覇市と豊見城村の境目辺り、高良小学校の下ぐらいにあって、「名嘉地越地《くぃーじ》ニーガン御墓」と書かれた碑文も建っているくらいだから、地元の神人（地域の神事を司る人たち）ならみんな知っている場所。門中（父系制の血縁意識を持つ親族集合体）のお年寄りの神人たちにも「ここには昔、神人

根神御墓。越地門中の神人だけが年に数回訪れる拝所

だった女の人がいる。お前も同じように見立てられているんじゃないか。ここを拝みなさい」と言われた。

それでようやく、子供の頃から自分を「おーい」と呼んでいるのはここに眠っている女の人に違いないと、初めて悟ったよ。でも、その後どうするべきかやっぱり分からなくて、また生活のために仕事もしないといけないしね、自分は何をやらないといけないんだろうとは思いながら、普通の人と同じように仕事をしていた。

完璧にやるべきことが分かったのは、何年かして、スクラップ工場で働いていて立て続けに事故に遭ったときだった。

初めて伝えられた「使命」

最初はね、工場で天井クレーンを動かしている電圧線に触れて—電気の力というのはものすごいよ、高圧線に触るだけで人は吹き飛ばされる—それで右手が一時麻痺して動かなくなった。それから約一年後、もっと大きな事故に遭ったのは。

一九七七(昭和五十二)年の九月十三日(当時三十七歳)。ちょうどお昼休みか三時休みの時間で、クレーンから降りて来てみんなと一緒に休もうとしていたら、シャーリングという鉄板を切ったりプレスしたりする機械から鉄の切れっぱしが飛んで来て、右の目の下、ほおに当たって骨をぐしゃぐしゃに砕いた。

救急車に乗って那覇病院に行ったのまでは憶えているけれど、後は分からない。そこから琉大付属病院に運ばれて、病室が空かないとか担当する医師が決まらないとかで、廊下に運んだベッドの上に十八日ぐらい寝かされていたらしい。あの頃の病院はいつもいっぱいしていたからね。骨は複雑骨折しているし、右の目ん玉は完全にひっくり返って白目になっている状態だったというのは意識が戻ってから聞いたけど。

そのときだね、「お前を殺すことはしない。お前は死なない。だからちゃんとやるべきことを分かりなさい」とか「お前の先祖のアジシ（古い門中墓）を探しなさい」っていうことを言われた。子供の頃からずっと自分に「おーい」と呼び掛けていた女の人の声だった。その声に、「側に根神の神様がいらっしゃるから、その人を探し当てなさいよ」と、病院の廊下で意識不明になっているとき教えられたわけ。方言で言うとね、「**根神アジシ、またや七腹イリクやくとぅ、根神アジシや くまなかいるめんしぇーくとぅ、くまとぅめーてぃ行きよ**」っていうふうに言われたわけ。ちゃんとした言葉で話しかけられたのは、これが初めてだった。

意識が戻ってからは自分でも顔がだいぶ変形しているというのは分かったし、レントゲンを撮ってみるとかなりの複雑骨折だから、外科の先生方が誰が手術するか話し合っていたということも聞いた。けがをして、だいたい三週間後に口腔外科の山城先生という方が「自分がやりますので」と来てくれて、手術して骨をきれいにつなげてくれた。身体が徐々に回復するにつれて、片目で歩く歩行訓練というのがあって、廊下を歩いたり階段を昇り降りしたりして、一年近く病院にいたと思う（病院側に問い合わせると、一九七七年の十月から翌年の十一月まで、約十三カ月の入院記録が残っていた）。まあ、片目は完全に真っ白になっていたけど、自分はもう何をやればいいのか教えられたし、それをやれば目も絶対治ると信じていたよ。

退院してから一番最初に行ったのは「ニーガン御墓」の碑文が建っている拝所だった。そこに祀られている女の人に、自分は教えられたことは何でもするから、もうここまで命を助けてくれたのだから、言うとおりに動きますから、分かりやすいように教えてくださいとお願いしたわけ。

そしたら、今度は夢の中でこの人の声が聞こえてきた。「根神アジシ、七腹イリクとぅめーんじゃち、御手本《うてぃふん》いーてぃ道ん開きりよー」と。どういう意味かというと、「我那覇・名嘉地の部落を最初に創った人たちが眠る『根神アジシ』、またの名を『七腹イリク』という墓を探し出して、そこに眠る祖先たちから直接お手本をもらって道を開けなさい」ということだよね。つまり、この女の人が眠っているところが門中の間では「根神アジシ」と呼ばれているけれど、それよりももっと古い、我那覇・名嘉地の村々を最初に築いた人たちの墓を探しなさいということ。「七腹イリク」というのは、七人が眠っているお墓という意味ではなくて、この土地に初めて集落を造った数人の創設者たちが眠る墓という意味らしい。これも女の人の声で教えられた。そういうことを言われたからもう無我夢中に探し始めた。一九七九（昭和五四）年の三月頃だったよ。

その「七腹イリク」というのは、「我那覇ぬ御嶽ぬ後東《くしあがり》、名嘉地ぬ元家《むーとぅやー》から寅《とぅら》とぅ卯ぬ境《さけ》ーやんどー（我那覇の御嶽の東後方、名嘉地の本家から寅と卯の方角の境にある）」としか言われない。名嘉地の元家（門中の本家）から寅と卯の方角の境目にあると言われても、距離がどれくらいあるか分からない。

僕はまず門中の神人や長老の方たちに聞いてみたんだけど、知らないと言う。自分たちの先祖の一番古いアジシーは、「クィンチャーアジシ」だとその方々から教えられて、そこに行ってみたら、遺骨も骨壺もないし、どう見てもお墓じゃないわけよね。これはやっぱり自分で探すしかないと、僕はつるはしとスコップ持って、とにかく本家からその方角に向けてひたすら掘って歩いたわけ。途中には空き墓があったり、御嶽があったりしたんだけど、それも壊して進んでいった。

我那覇・名嘉地の人には、僕のことを完全に気狂いというか、倒れ者《たーりむん》（霊力は強いが、その力を使いこなせずに精神状態がおかしくなってしまった人のことを沖縄では「神倒れ《かみだーり》している」と言う）とされていたね。

「あれが来たらゆーしよー（伊佐雄が来たら良くしてあげなさいよ）」と哀れんでくれた方々もいらっしゃったらしい。真夏に上半身裸になって山の木を切ったり穴を掘ったりしていたときに「暑いからコーラーぐゎーでも飲みながらやりなさい、これも食べなさい。疲れたら家で休んでいきなさいよ」と声をかけてくれた方もいらっしゃったし、聖地を壊して歩いているので怖がって、「うまや御嶽どぅどー、やーやとぅねーねーんわざすっさーやー（ここは御嶽だよ。お前はとんでもないことをするね）」とか、「くめーきらんねーならんでー（正気になって頑張らないといけないよ）。落ち着きなさい」と言葉を選んで注意してくれる人もいた。自分では間違っていることはやっていないと思っているけど、他人から見たら異常だよね。それなのに、優しい言葉をかけてくれた方たちには今でも感謝の気持ち。

ついに古墓を探し出した！

その年はもう仕事はそっちのけで、この女の人の教えを頼りにひと夏ずっと探し歩いた。声だけではなくて、夢の中でその女の人の姿を見るようになったのはその頃からだね。まだ三十代の半ばくらいで、薄いねずみ色の着物をウシンチー（帯を使わずに着物のすそを下ばかまのひもに押し込む独特の装い）している。卵型の顔は色白で、長いまっすぐな髪を背中の方になでつけていた。きれいな人だよ。顔は若い頃の若尾文子に似ている。

またね、男の人が馬に乗って本家の東側に向かって空を駆けていく姿も夢の中で見せられた。その人は七十歳くらいかな。髪の毛は真っ白で短いあごひげを生やしていた。古代人のように布一枚で身体を被い、片肌を脱いで、肩を一方だけ出している。顔はテレビなどでよく絵が出てくる原始人のように色黒でごつい。二メートル近いんじゃないかという長身とアメリカンフットボールの選手のような大きな体格だから、見た目はとても怖いよ。その夢を見せられたとき、この方が眠っているお墓を探せということなんだなあと思ったね。そういう姿を見せられると、お墓探しにもますます力が入った。周りで見ていた人には、それこそ気がふれたと思われただろうね、毎日毎日山を掘り返していたから。

女の人は「苦しいと思うな」とか「今あきらめたら、お前の過去の苦労はなんだったのか。頑張りなさい」と、夢の中や探している途中に何度も声をかけて励ましてくれた。だけど見つけきれなくてね。いつの間にか半年以上たっていた。冬になっていて寒くもあるし、これ以上どこを探せばいいんだろうと、さすがに途方に暮れていたわけ。そしたら、一九八〇（昭和五五）年の正月が終わって、旧正月の前だったかな、夜の九時ごろ、末の娘を抱いて寝かしつけようとしていたときに「場所、我《わー》が習ーすくとぅ、鍬篦《くぇーひら》持っち、立てーわ（場所は私が教えるから、クワやヘラを持って立ちなさい)」と女の人の声が聞こえてきた。

それで、片目しか見えなかったけど、車運転して、それからの道のりをどんなして行ったのかも分からないけど、気が付いたら我那覇の部落の東側、宇栄原団地から我那覇の部落を見下ろす崖の上に来ていたわけ。懐中電灯で下を照らしたら絶壁さー。ふらついたのかなんなのか分からないけど、そこから滑り落ちたわけ。懐中電灯とスコップを持ったまま、二メートルか三メートルは落ちたかな。自分はすすきの根っこに馬乗りして崖の斜面に止まっている。びっくりしてそこにじっとしていると、「やーが居ちょーる根《にー》ぐい起《う》くせー。くまなかいめんしぇーくとぅ(お前が座っている草の根を掘り起こせ。ここにいらっしゃるから)」という女の人の声が聞こえて来た。それを言われたとおり掘った。

すすきの根っこにスコップを力いっぱい突き刺したら、その根が地面の中にぼろっと落ちていくわけ。地面に穴が開いた瞬間、ブワっと青白い火が飛び出して来たよ。小雨が降っていたし、真っ暗しんだったから、よけいに何かが瞬間的に爆発したような感じで、

墓は木の繁る崖の斜面にあるため、
足場を確保するのもたいへんだ

七腹イリク

「七腹イリク」。訪れる人もなく、墓の入口は土砂でほとんど塞がれている

墓の内部は四畳くらいだろうか。並んだ骨壺の多くは割れ、遺骨は粉状に

だけども火傷をするような強い火ではなくて、あぁ、人魂っていうのはこんな感じなのかなあと思った。

　その開いた穴の中を懐中電灯で照らしたら、厨子甕《ずしがめ》（骨壺）がいっぱいあるわけよ。あぁ、フィンチー墓《ばか》（岩石や赤土岩に掘った横穴式の古墓）っていうのはこんなのか、探していた墓はここだったのかって、感激しながらその穴の中に入っていって、厨子甕がいっぱい並んでいる前で、自分を導いてくれてありがとうというお礼をした。その後も一時間くらい座っていたよ。自分が長年探し求めていたものがここにいらしたという安堵感もあるし、座っていたら何か声が聞こえるだろうと思って。「根神の御神ガナシーどぅとぅめーとーいびーたんどー、うんじゅなーどぅやいびーんどー（この集落の創建者である根神の神様を探していたんですよ、あなた様のことですよ）」と手も合わせたんだけど、その日は何も聞こえなかったね。

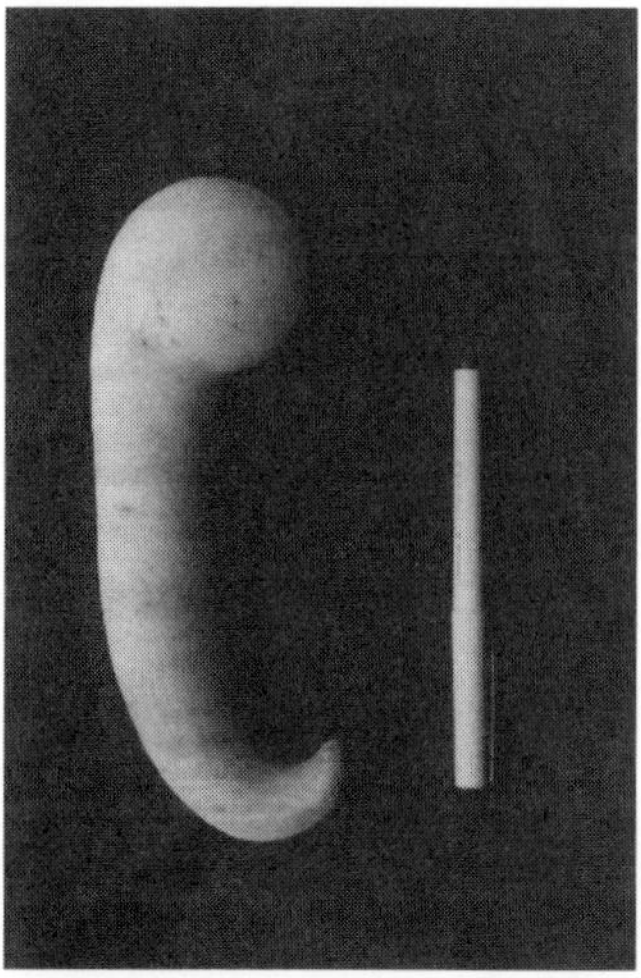

内部で見つかった勾玉。長さは20センチ以上もある

　そのフィンチー墓には甕が約二十個。半分以上は割れていて、中の骨は粉のようになっている。墓の入り口には長さ三十センチくらいの石で作った勾玉が置かれていた。だから、そうとう古いも

のだと思うよ。それからは家とここのお墓の往復。線香と果物とビンシー（酒やお米などを入れる祭祀用の小箱）を持ってね。昼よりも夜の方が声が聞こえるような気がするから、毎晩毎晩通っているんだけど、しばらくは全然聞こえなかった。

それでも、探し出せたことがうれしくてね、僕はこのお墓のことを、門中の神人や年配の方々、元家の方々にすぐ報告した。自分が夢の中で我那覇・名嘉地の「根神アジシ」を見つけるように言われたこととか、最初から全部説明して、その場所にも連れていった。けれども、ほとんどの人には相手にしてもらえなかったよ。確かに、一年近く仕事もしないで山を歩いて、空き墓も御嶽も壊して歩いていたからね、そんな人間が何を言ってもすぐに信じてもらうのは無理だとは思う。けれど、口が強い人に「まーぬ馬ぬ骨がやら分からんむんぬ、うり崇《あが》みたるバカぬ居《う》み（どこの馬の骨かも分からないのに、この墓を崇めるバカが居るか）」とけなされたときには悔しかった。自分には、信じさせる力がないんだからね。

失明したはずの右目に明かりが

ただね、そこを探し当ててから体調が全然変わって来たの。見えないはずの右目も明かりを感じられるようになって、琉大病院の先生にそう報告したら、「まさか。気のせいですよ」と言われたんだけど、そのうち白目だった眼球の上の方から黒目がだんだん下りてきた。あい、明かりが見えるよ。少しずつ物の形が見えて来た。でも、バランスが悪くて逆に片目の方がはっきり見える。こんな感じで、明かりが見え始めてからはわずか二、三カ月の間に急速に右目が普通に見えるよ。あり、だんだんバランスがとれてきた。あい、もう見える。右の目が回復した。病院の先生も検査をしながら本当に見えるというのが分かったら、「事故の後、三年間も見えなかったのに……。信じられないこともあるんですね」ってとても驚いていたよ。

こうなると、好奇心も湧いてくるさーね、今度は何が起こるかなぁ、声はいつ聞こえてくるかなぁという。そう思っていたとき、墓を見つけてからだいたい三カ月ぐらいたったある日の夜、家で、家族は寝ていて自分だけでが起きていたときに突然、「慌てぃんなよー、我《わん》が言いし、真肝《まじむ》から聞きよー（あわてるなよー。自分の言うことを素直に聞きなさいよ）」という男の人の声が初めて聞こえた。それで、褒美といっていいのかどうか分からないけれど、墓を見つけた代わりに、方言でこんなことを教えてくれたよ。

「神様というのは居るよ。神様と仏様の違いを教えるから心得なさい。神様には物体はない。だからいくら探しても見つけることはできない。自然が神様なんだ。人間は幾世歩いても（死んで何百年たっても）仏は仏に変わりはない。神様と仏はまったく別のもので、仏は子や孫を痛めつけることはできない。つまり、死んだ人間が人を祟《たた》ったり、何かを教えようと病気にしたりすることはできない。人を苦しめたりすることはできない。それができるのは、神様だけだよ」

その晩は、「お前《やー》んかいや今日《ちゅう》うっぴ、今日うっぴやー（お前には今日はこれだけにしよう）」といって終わったんだけどね。それからは、今日は何が聞こえてくるかなぁと、毎晩九時に寝るようにしたわけ、早めに眠ったらいつ何時起こされても憶えやすいと思ったから。

その次にこの男の人に言われたのは、「私たちがお世話になっている土地の神様に対してお礼をしてくれ」ということだった。自分たちはお墓の中に入ってもこの土地に世話になっているから、土地の神様に手を合わせてくれと。そして、手を合わせる前に「自分はどこそこの誰です」ということを訴えて、「根神アジシを、御骨身《みふにしん》をこの土地で崇《あがめ》めさせてくださいましてありがとうございます」とお礼をしなさい。お礼が遅れたことは素直に謝って、「これからも末永くここの土地に無礼のないようにいたします」と手を合わせなさいと。

死んで何代も何十代もたったら人は神様になるという考えもあるけれど、そうじゃない。人はどんなにしても神様にはなれない。それどころか人間は死んでお墓に入っても、その土地の神様にお世話になっているんだよということだろうね。まずは土地や自然の神様に手を合わせ、それから祖先の仏様を崇める。そんな拝みのやり方が、その頃からはっきり分かってきたわけよね。

この男の人の声がそれからときどき聞こえるようになったんだけど、言葉は難しいし、また夢の中で、字で説明したりするわけ、空を黒板にして墨で字を書くようにして、例えばね、

「神祀　演満天下　森羅万象　神々ニ報恩セヨ」

「蛟竜雲雨　体宿上元天宮」

「万緑叢中紅一点　負論勝理　退化感自然」

「家屋母体」

「蘇セ巫術　断神仙思想」

「襤褸時代」

「神秘的枢要ヲ悟リ把握シ居リ　家ニ居ルハ可惜シイ」

僕は小学校もちゃんと出ていないからもちろん読み方は分からないし、一回では憶えきれないよ。何回も何回も見せられてようやく憶える。意味も教えられるんだけど難しくて理解できない。分からない、どうしようかなあって悩んでいるときには、女の人の声がまた聞こえてきて、こうこうしなさい、ああしなさいって教えてくれるわけ。自分の行動をリードしてくれているわけよ、この女の人が。中には今でも理解できていない言葉や文章はたくさんあるけど、神様と仏様の違いを教えられてからは、主に家の造り方について何度も何度も教えられた。

「家は人間の身体を想定して造りなさい」

「倒《とぉー》りてぃ歩《あ》っちゅしや、全《すび》てぃ家《やー》ぬ神様、屋敷《やしち》ぬ神様方に御無礼《ぐぶりー》ぬあてぃどぅ、人《ちゅ》や倒《とぉー》りーんどー。難病りー言ーしぇー、全《すび》てぃ地屋敷《じーやしち》、または家《やー》ぬ造《ちゅく》いにゆてぃる違てぃちゅーんどー」

（精神的におかしくなっている者は全て家の神様や屋敷の神様方に御無礼があるから、人は精神的に倒れてしまうのだ。難病というのも、全て土地屋敷の使い方、または家の造り方によってそれぞれ異なる症状が現れるものだ）

そう言われても最初はピンとこないから、いろんな人に相談して「そんな話はあるのか」と尋ねてみたんだけど、みんな聞いたことがないというわけ。それでもこの男の人は、どんどん家と人間の関係について教えてくる。

当時、自分たち家族の家はちょうど家の真ん中にトイレや風呂場、台所があったので、これに対して「中《なか》ぶっくゎなけー水置《みじゅう》ちきれー、ちゃーするばーがよー（家の真ん中に水回りを持ってきてどうするつもりか）」とも言われたんだよね。ではどこにどう動かせばいいのか、それが分

人間の身体を想定して家を造る

床の間を家の頭と考え、常に太陽の光が入る東か南に向けて造ると、お尻の部分（トイレなどの水物）は、北西の位置になる

東向きの家の場合

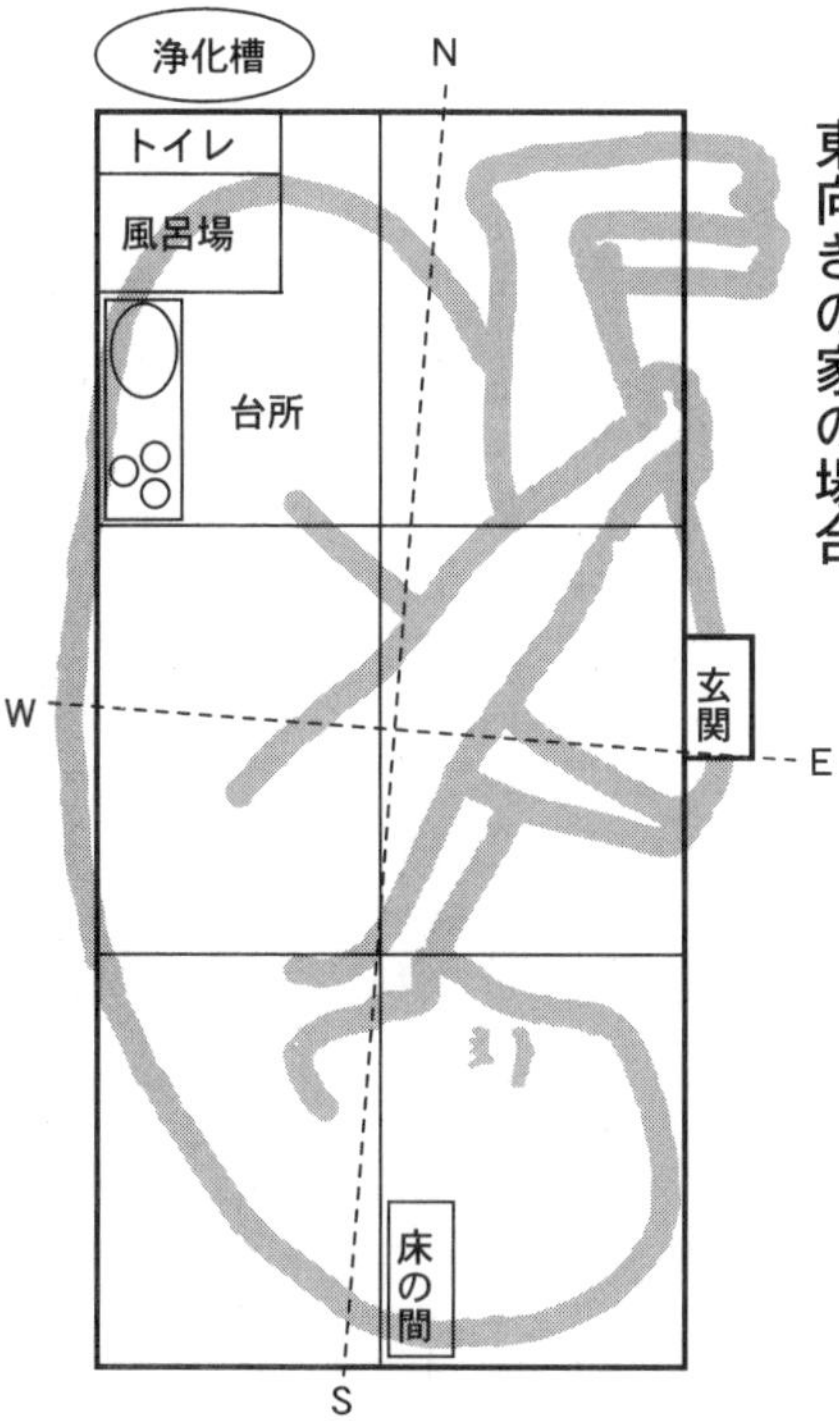

南向きの家の場合

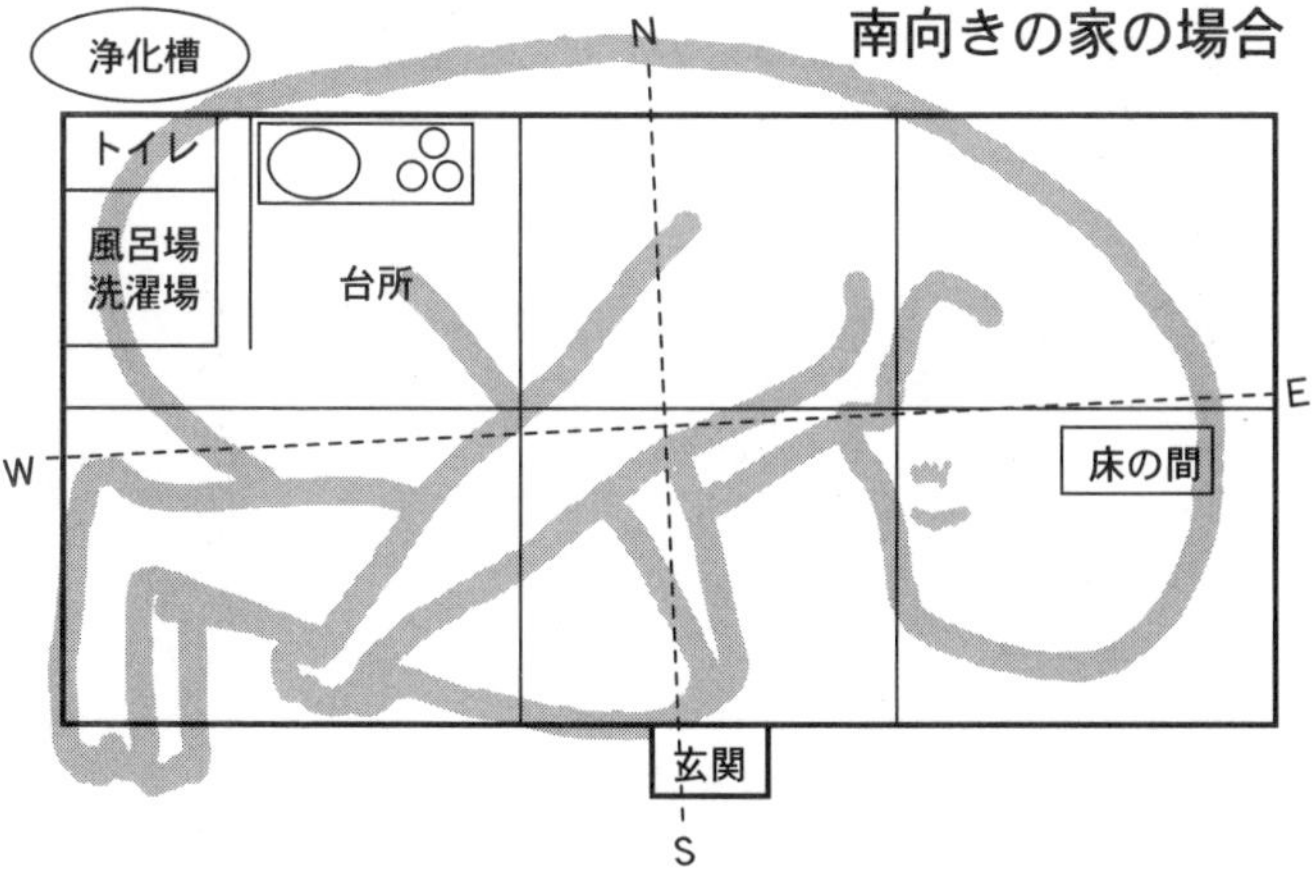

からない。何度も繰り返し聞かされるのは、家は人間の体を想定した造りをしなさいということ。でも、これも全然理解できなかった。

詳しく教えられたのは一九八七（昭和六十二）年ごろ。夢でね、昔のお家、赤瓦家を見せながら。

その家は下《しも》の方、家の北西の方角に竈《かまど》があって、そして便所はさらに下がって外にある。そこで、「水回りや下下《しむ》ぎて《さ》ぃどー」ということを言われた。

太陽の光が入る東や南を向いて床の間があり、中の間があり、そして、北西の方向に水回りがある。昔のお家の造り方は正しかったんだよ、と教えられたわけ。

そして、「うまや頭《ちぶる》やさ、うまからうっさやお腹《わたぶとぅ》やさ、うまからうっさや尻《ちび》どー」というふうに。床の間は頭、お腹は中の間、お尻はトイレや台所などの水回りということ。

家はちょうど人がひざを抱えて横になっているような構造にしないといけない。頭はいつも明かりのさす方向、つまり東か南を向く。そしたらお尻は必ず北西の位置になるわけ。そのとき初めて「家は人間の身体を想定して造りなさい」という意味が分かった。

家は人間にとって母体であり、そこに住む人間は胎児。母親の身体に異常があるなら、そこに宿る人間が正常に育つわけがないということさーね。

知ったからには自分の家も直さないといけない。でも、お金がかかるさ。だから、もう少しゆとりができるまではと思っていたんだけど、考えが甘かった。その翌年（一九八八年）、長男が脳の「静動脈血管奇形」という珍しい病気になって、頭蓋骨を開ける大手術を二回も受けたんだよね。

最初の手術のときに、担当の先生から「命が助かっても身体に麻痺が残る可能性が高い。覚悟してください」と言われた。自分が家を直さなかったせいだと分かっていたからね、この子の身体が不自由になったら一生自分が面倒は見ようと決心したよ。

八時間後に手術室から出てきて、麻酔が覚めたら医者はすぐ手足に感覚があるかをテストしよった。幸い、身体のどこにも麻痺は出なかったけど、目が見えないと長男は泣いたよ。顔の真ん中に左手を持ってきて、親指と人さし指は見えるけど中指から右側が見えないらしかった。血管の奇形が脳の目の神経を使うところを圧迫して、脳が機能していないと医者は言った。右目も左目も左半分しか見えない。だから、花瓶の中にバラとかすみ草があるのは分かっても、バラが何本あるか数えきれない。本も読めない。二回の手術で奇形は全部取り除いたけれど、医者は目が元通りになることは期待できないと言った。

僕は、火の神《ひぬかん》（台所に祀る竈の神様）を通して家の神様に詫びを入れ、息子の入院中から家の真ん中にあったトイレと風呂場、台所を北西側に移動する工事を始めた。大工を頼むお金はないから、義弟《おとうと》なんかに手伝ってもらって、自分たちだけでブロックを積んだ。

（注：その病気にかかった「長男」というのは僕自身（長嶺哲成）なので、もう少し付け加えたい。その年の三月五日深夜に、猛烈な頭痛がして僕は救急病院に運び込まれた。そこから記憶が途切れ、手術が終わって麻酔が切れるまでは何一つ憶えていないのだが、倒れてから三日間たっていたようだ。脳の左後頭部にある視神経を司る部分を奇形の血管から溢れた血液が圧迫し、両目の右半分の視野が侵されたと担当の先生は説明してくれた。そして、完全に視野が戻るということは考えない方が良いと、医者らしい毅然とした態度で僕に告げた。新聞社で働いていた僕にとって、活字が読めないことは致命的だ。花瓶に活けられた花の数も数えられない人間に、次はどういう仕事ができるだろうと考えると、本当に絶望した。それに加えて、一カ月はほぼ寝たきりの入院生活だ。自分でトイレにも行けないという無力感がさらに苦しみを倍増させた。生きているだけで良かったとあきらめにも似た気持ちが持てるようになったのは、退院が迫った頃だった。ようやく人の話に聞く耳を持つようになったと判断したのか、見舞いに来てくれた父は「家相が悪いからこうなった。ごめんね」と謝った。理解しがたい話だったが、僕にはもうこれにすがるしかない。改築工事はすでに始めていると聞き、「悪いのだったら、全部直そう」と父に頼んだ。偶然かもしれないが、その頃から徐々に視野が戻り始めたのだ……）

それからの息子は回復が早く、あれだけの手術をしたのに二カ月で退院。視野も少しずつ広がって、病院から戻ってきた直後から体力づくりのためにとセメントをかき混ぜたりブロックを運んだり、改築を手伝った。退院して一カ月後には仕事にも復帰したよ。退院から二カ月した頃には車が運転できるぐらいまでに目は回復した。それを見て、僕は家の神様に感謝した。今でもずっと感謝している。

それからの僕は、難病奇病で苦しんでいる人たちを助けることが自分の仕事なんだと教えられた。そういう人たちが住む家は、家や屋敷の神様に御無礼になっている造り方をしている。その家の神様のために、正しい家の造り方を広めることがお前の仕事だと、女の人に言われた。

語りかける先祖の素顔、新たに委ねられた任務

一九九〇（平成二）年に、老朽化していた家を新築した。もちろん、今まで男の人に正しい家の造りだと教えられたとおりに。それからだね、女の人が正装して現れるようになったのは。

これまでは夢の中に現れるだけだった女の人が、白地に赤の絣模様が入った着物を着て家に入って来るようになったわけ。それまでの家は、息子の病気がきっかけで改築はしたけど、まだ上等とは言えなかったから入れなかったという。「神御無礼になっている家には、仏は居心地が悪くて宿れない」と言っていた。よく子どもが家で幽霊を見るのは、家の造りが家や屋敷の神様に御無礼になっていると祖先の霊が教えに来ているんだよって、教えてもらった。

それから、自分のことも話し始めた。その女の人は、昔、僕と同じように祖先の霊に見立てられたのだけれど、やはり神がかりでおかしなことを言うし、頭では何も考えられない状態になって不自然な行動をとることもあったらしい。神倒《かみだーり》れしていたんだね。親の気持ちとしては、そんな娘を人の目にさらすのは忍びないでしょう。だから山の中の小屋に母親と二人で暮らしていたそうだ。食事は父親が運んでくれたけれど、そんな生活が長く続くと、その女の人の看病に疲れた母親が先に亡くなってしまった。自分が母親を殺したようなものだと悲観したその人は、ついに自害してしまう。自殺した人は門中墓に入れない。だから、村の神人たちによって自分は山の中に祀られていると言っていた。

こんな身の上話をするのはだいたい夢の中で、たぶんその人が暮らしていた小屋じゃないかな。そこで僕とその女の人はお茶を飲みながら話をしている。そして、お前は男だから良かった。自分は女で行動することができなかったからと、自分の過去と重ねながら僕を励ます。最後には必ず、後ろ指を指されても正しいことを言い続けていたら、いつか人の見る目は変わるからと元気づけてくれる。

ときには、もっともっと人前に出て頑張れと怒られるよ。男の人には今でもよく怒られている。力をあげたのにそれを使わないのは、財産を持っていて隠しているだけの金持ちと一緒で意味がないって厳しく言われる。

この男の人も自分のことを少しずつ教えてくれた。僕が今分かっているのは、だいたい千四百年前に中国から船に乗ってきたこと。「七腹イリク」のお墓がある崖のふもとは、その当時川が流れていて、男の人たちは瀬長島の南側を回ってその川を上り、「七腹イリク」のお墓がある崖のふもとに船を留め、そこに我那覇・名嘉地の村をつくったって。港に近い場所に集落をつくれば、何かあればすぐ中国に帰れる。ここで亡くなった人のお墓も、祖国へつながる川を見渡すことができるからと今の場所に造ったと言う。

亡くなった長女姉さんは、戦前の我那覇・名嘉地の部落は田《たー》ぶっくゎ（田園地帯）ですごく水が豊富だったと話していたし、井戸を掘れば砂が出てくる所があったのは僕も憶えているから、この地域に本当に川があったのか、あったとしたらどれくらい昔のことか、学問的に調べてもらえたらいいなあと思っている。そしたらどれくらい昔の話か門中の人たちも関心を持つはずだから。また、中国の楽山に巨大な仏像を彫ったお坊さんはその男の人の兄弟とも言っていた。これもどうにかして調べられたら良いのにね。

人の難病奇病はすべて神御無礼から来るものだと知ってからは、その男の人は紫微《しび》の神様から難病の治し方を教えてもらい、主に人の足腰におこる病いを治していたと教えてくれたよ。紫微の神様というのは、天帝という一番大きな神様のすぐ下にいるとも言っていた。（注：「紫微」を広辞苑で調べると、「古代中国の天文学で北斗七星の北側にある星座群を差し、天帝の居所とされる」とある）。その道を極めたので、その男の人は「開海帝」という名をもらったという。もし、僕がこの人から教えてもらった家と人間の関係を正しく広めていけば、「今度はお前がその名を継ぐ」と言われたんだけど、僕にはまだ「開海帝」という名前がなんなのかが分からないさ。その他、自分の仲間に莞天王《かんてぃん》という人がいたこととかも言っていた。ここに出てくる名前は、中国で調べれば何か手がかりがあるかもしれないね。自分には学がないから、いつか力が認められたら、だれか専門の先生方に調べてもらえればと思っている。

「根神アジシ」を見つけてからというもの、この二人の祖先に励まされ、怒られながら、僕は身近な人たちに教えられたことを話していった。興味を持つ人が一人二人と訪ねてくるようになったので、思いきって仕事も辞めて、人づてに僕の話を少しずつ広めてもらっていった。話を聞いてくれる人が一人現れると、そのたびに一つずつ新しい知恵や力を授けてもらえるという感じで、自分の知恵や勘が少しずつ上向いて行くのが分かったよ。

「家造《やーちゅく》いねー、いっぺーくめーきりよー（家を造るときは、とにかく細心の注意を払いなさい）。家庭倒《ちねーどー》い屋敷《やしち》や買《こ》ーんなよー（家庭崩壊、または世継ぎのなくなった屋敷は買うな）、長病《ながや》み屋敷ぇーたんきりよー（長患いしている者のいる屋敷には用心しろよ）」

これは、男の人の声が聞こえ始めたときから、夢の中で、または床の間などで座っているときに何度も何度も繰り返し言われたことだけれども、それだけ人間の健康と家の造りは強く結ばれているということが、今なら良く分かるよ。八十、九十のお年寄りは、こういう昔の教えを知っている人も少なくないはずよ。

じゃあ、実際にどう造ればいいのか、原因不明の病いで家族が苦しんでいる家はどう治せばいいのか、それが僕には分かるようになった。大切なのは、家という人間にとっての母体には、紫微鑾駕《しびらんか》の神様、床の間の神様、竈の神様、そして最近ではトイレも住宅と一緒になっているので、トイレの神様もいらっしゃって、その神様方が居心地のよい家を造れば、人間は必ず成功するということ。そうすれば「知恵優《じんぶんすぐ》りーさ（知恵も優れるよ）」という。家と人間の関係を教えられて十数年、今では造り方の細かい部分もほとんど理解できたと思っている。

問題は、僕が授かった知恵が、今では存在しない遠い祖先から教わったものだということ。それも夢の中で。こんなことは普通の人には信じられないよね。信じてもらうには、医者でも治らない病いを僕が治すとか、結果をたくさん見せるしかない。

僕が山の絶壁に近い所に『七腹イリク』という古いお墓を見つけたことは、親戚中が知っている。だけれど、それが本当に自分たちの祖先の墓だと認める人はほとんどいないよ。間違えて他の祖先のお墓を拝むことを怖れているから。その気持ちも分かる。でも、そこに眠っている人に、僕は力を与えてもらった。だからこそ、あのお墓が、我那覇・名嘉地を一番最初に築きあげた人たちだと自分の門中の皆さんには信じてもらいたい。そのためにも、正しい家の造り方を広めて僕が奇蹟のようなことを起こし続ければ、信用を得られるのではないかと、期待している。

父・長嶺伊佐雄の半生は、まさに祖先の声に導かれ（ときには惑わされ）続けてきた五十八年間だった。普通に働いて収入を得、結婚し、四人の子どもを育ててきた一人の父親としての生活とは別に、もう一つの世界を平行して歩いてきたのだ。家族でさえ聞かなければ分からない『神の子』としての父。周りに理解されないため、多くは語れなかったというその不思議な能力。どれだけ孤独だっただろう。それに打ち勝つだけの精神力を培うために、若い頃の苦労があったのだろうか。息子の僕とはわずか二十二歳しか年齢が違わないのに、歩んできた半生の濃さに圧倒される。

父は、家の造りを正すという使命を与えられて、ようやく重い口を開き始めた。それは「難病の治癒」という目に見える結果を伴う。どういうものか、次の章でご紹介しよう。

第2章

家相が人に及ぼす不思議な力

～十二家族の証言集～

長嶺伊佐雄の話を聞いて家相を変え、難病、奇病が治った、または家族に大きな変化が表れたと証言する人たちがいる。その中から十二の例をご紹介しよう。

※取材に応じてくださった方々のプライバシー保護のため本文中に登場する方々の個人名は原則的に仮名にし、場合によっては家族構成なども変えています。また年齢、行政名などは当時のものです。この聞き取り調査は、１９９８年４月〜６月に行ったものです。

長嶺 哲成

「家の後ろに汚い水が溜まっていて、とても危険だよ」

家を建て直すと、重度障害の息子が自ら就職先を見つけた

謝花進さん(63)が自分の住む家は何か悪いのだろうかと気にするようになったのは今から十数年前。子ども部屋に一匹の蛇が入ってきたことがきっかけだった。

ある夜、「誰もいないのに音がコンコンするよ」と、子どもが部屋から飛び出してきた。電気をつけて調べてみると、アカマタが一匹部屋に入り込んでいる。どうやらアルミサッシの隙間から侵入したらしい。被害はなかったのだが、妻が何かの知らせではないかと気に病んだ。

「こんなとき、女はすぐユタ買いに行くさ。私は信じないけれど、まあ沖縄の人たちはみんな行くじゃないですか。だから、とー、行っておいでって行かしたんです。それから妻が物知り屋(ユタの別称)歩き歩きして」

妻がユタの家を訪ねたのは一匹の蛇がきっかけだったが、何度も何度も通い続けたことには他にも理由がある。「いったー屋敷ぇ上等あらんどー(あなたたちの屋敷はよくないよ)」と言われ

たことが気になったからだ。悪いと言われれば、実は思い当たることもあった。

謝花さんの家は今から二十三年前に中古物件を買ったものだ。いかにも沖縄的な古い民家で、屋敷の後ろ側にはかつて使われていた豚小屋がそのまま残っていた。それは謝花さんには必要なかったので購入後に壊し、その上に水タンクを作って利用していた。

息子が重い病気にかかったのはこの家に住み始めた直後だった。当時二歳半だった息子が高熱を出して二十日間も意識不明の状態になり、病院もさじを投げたほどだったという。幸い一命は取りとめたが後遺症が残り、左半身が不自由になってしまった。

「最初は座ることもできませんでしたよ。こんなじゃだめだからと、毎日リハビリでした。ちょっと身体も弱いもんですから、親はどうしてもね、何かに頼りたいでしょ。ユタの家に行くと、また屋敷の話が出る。でも、ただ『屋敷ぇ上等あらんどー』ってしか言わんもんですからね、拝みさせたりはしたんですけど、やっぱり何も変化みたいなものはなかったですね」

左半身麻痺という障害を持ちながらも、成長するにつれて謝花さんの息子は働きたいという意志を持つようになる。家に閉じこもるよりはと、謝花さんは知人の工場に頼んで働き口を見つけたり、福祉作業所から仕事を紹介してもらったりして息子を就職させたが、どの仕事も一カ月と続かなかった。やはり普通の人のようには身体が動かないのでやめさせられることが多く、時には息子の方が一週間くらい働いて「面白くない」とすぐ休んでしまうこともあった。

「実はね、身体だけでなく、二重障害なんです。精神的にも。重度障害、多重障害。頭もやられているんです、病気の熱で。だから、すぐにひきつけを起こす。ひきつけは大人になっても頻繁にあるんです。疲れたらほぼ確実に。ひきつけを起こすときには見てわかりますよ。もう目がとろとろしてうつろになって、今日は出るなと思ったら確実に出る。そんなときには、妻が幸い自営業をやっていたので、妻の事務所に連れて行くんです。家に一人で置くわけにはいかないさ」

調子が悪いときには動きも緩慢になり、ひどいときには一日中布団の中でゴロゴロしていることもある。親としては働きたいという息子の気持ちを尊重したいのだが、息子の体調がそれを許さない。また、仕事はさせない方がいいという周囲の声もある。「この子の将来の分まで、自分たちがしっかり守ってあげられるように」と、夫婦は必死で働いた。

家の後ろに汚れ物がある

謝花さんが長嶺伊佐雄と会うきっかけをつくったのは、甥《おい》の明さんだった。家の新築を考えていた明さんは、家相を見る人がいると知人に紹介されて長嶺を訪ねたのだが、自分の家の話をひと通り話した後で、こう切り出した。

「うちのおじさんも息子が病気になっているけど、家が悪いのかね。見てくれませんか」

長嶺を連れて、明さんはすぐさま謝花さんの家を訪ねた。しかし、突然の訪問だったこともあり、家人は出掛けていて屋敷の中には入れない。小雨もちらつく空模様で車から出ることもできなかったが、門の外に停めた車中で長嶺は明さんにこう言った。

「家の後ろ側に汚ない水が溜まっていてとても危険だよ」

「はぁ?」。甥の明さんにとっても、そのことは初耳だった。「じゃあ、おじさんに聞いてみるさ、僕は知らないけど。でも、その汚水取って、従兄弟は良くなればいいけどね」

〝家の後ろ側に溜まった汚ない水〟というのは、洗濯物などに使用した排水を溜めておく地下の汚水槽のことだった。屋敷の外からそれを言い当てた人物がいると甥から聞かされた謝花さんは、もっと詳しく家相を見てもらおうと長嶺を招いた。まず最初に見せたのは、危険だと指摘された汚水槽のある場所だ。

「長嶺さんからすぐ言われました、『くまやぅワーフールやてーくとぅ(ここは豚小屋だったから)』って」

確かにそこは豚小屋だった。二十三年前、この家を購入した時に壊して地ならしし、謝花さんはその上に水タンクを造ったのだ。そこで洗濯物などをし、汚れた水は一度地下の汚水槽に落とす。汚物を沈澱させた後、汚水は門のそばにある小さなガマ(自然の洞窟)にパイプを引いて流し込んでいた。汚水槽から溢れた水はその下の豚小屋跡もさらに汚している。と長嶺は目にすることができない地下の様子を説明した。

「家を建てるんだったら、門の側にある汚水を流しているガマの部分と豚小屋跡の汚れた土を全てきれいにしなさいということでした。『謝花さん、ここはだいぶ汚れすぎているから、全部取らないといけないよ』って。ああ、もうこれは私が知っているから、豚小屋の跡だったことも知っているから、全部やりますよってすぐ実行したんです」

この家を購入した当時から「屋敷は上等ではない」とユタに何度となく言われてきたが、どこが悪いとはっきり指摘されたことはこれが初めてだった。だからすぐに工事を手配したのだが、その言い分を一〇〇％信じていたわけではなかったと謝花さんは語る。

「私はこんなのは信じないし、こういうことを聞いていたらきりがないと思っていた。屋敷が悪いと言われても、自分一人だけだったら絶対何もしなかったと思います。だけど、子どものことも家に関係があると言われたら、やるだけのことはやらんといけんですよ。そうなるわけです」

身体が不自由な息子の将来のためにと夫婦で一生懸命働いてきたので、幸い貯えもある。家を購入して二十年余、これを機に新築しようと謝花さんは決意した。トイレ、風呂場、台所など水物の位置や床の間の向きなどが大切だと長嶺にアドバイスされ、言われたとおりに家を設計。一家がアパートに居を移すと、すぐに工事が始まった。

息子の癲癇《てんかん》の発作が消えた

家を崩した後、一番最初に行われたのは、長嶺が「そうとう汚れている」と言っていた豚小屋跡を掘る工事だ。側で見守っていた謝花さんは、悪臭を放ちながら掘り返される土の量に驚いた。腐っているのではないかと思われる真っ黒な土が、豚小屋跡から十トントラックの八台分、汚水を流し込んでいた門の側のガマからは一台半分も出てきたのだ。

この工事が済むと、すぐに長男に変化が現れた。

「自分で就職先を見つけたんですよ。新聞の求職欄の電話番号は読めるんで、電話したみたい。本人は仕事の内容までは新聞を読んで理解できるわけじゃないですから、何件も電話口で断わられたりしたみたいですけど、今働いている車の修理工場には、『今は仕事がないから』と言われても『じゃあ、いつから使いますか』って強気で交渉したみたい(笑)。その二、三日後からは働き始めました。親としては癲癇の発作が出ないか心配だったんですが、どうせすぐやめさせられるはずだからとやらしたんです。でも、もう三カ月くらい続いていますよ」

自分で仕事を探し出し、一カ月以上も働き続けることは今までになかった。さらに、癲癇《てんかん》の

謝花さん宅　比較図

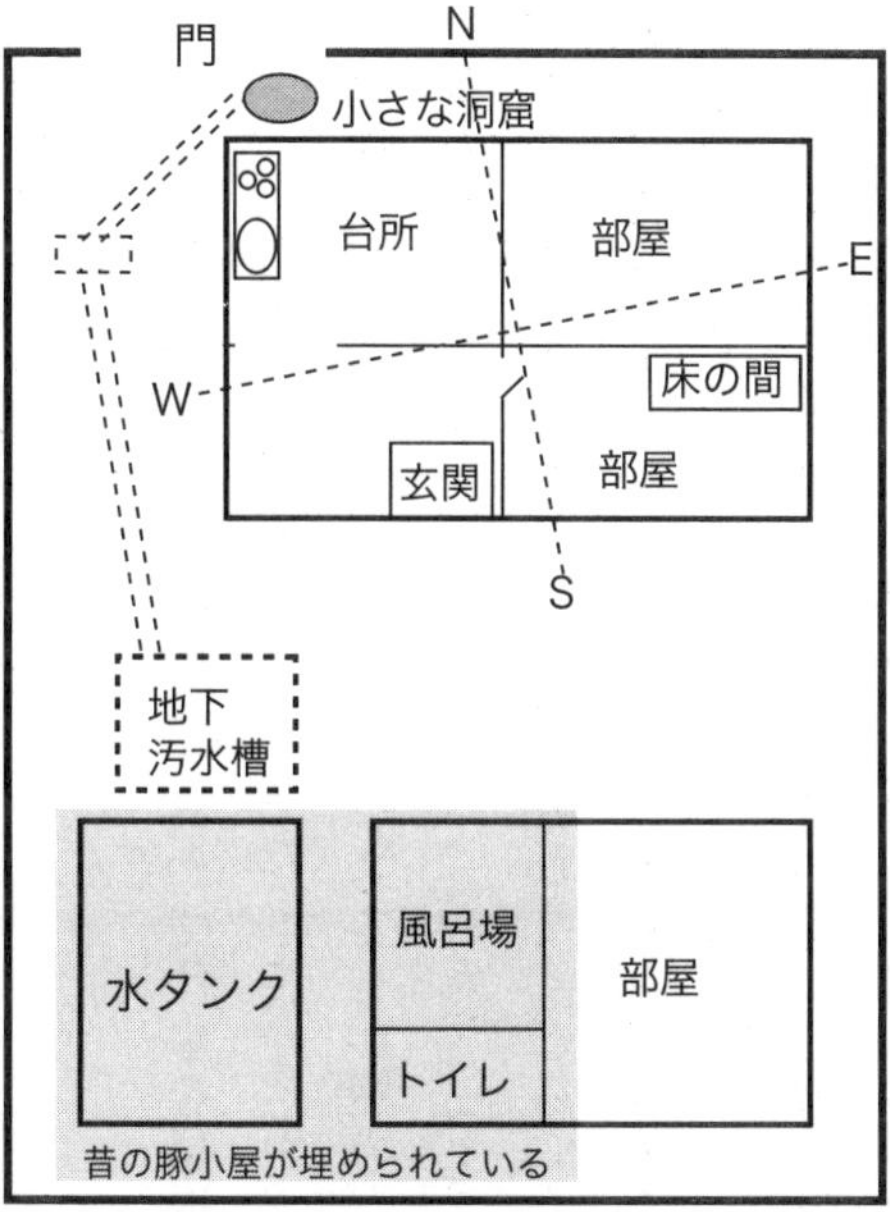

この家で悪い場所は、建物の南側にある水物、地下に眠るかつての家畜小屋とその周辺の土地の汚れ、門のすぐ側にある汚水を流し込んでいた小さな洞窟

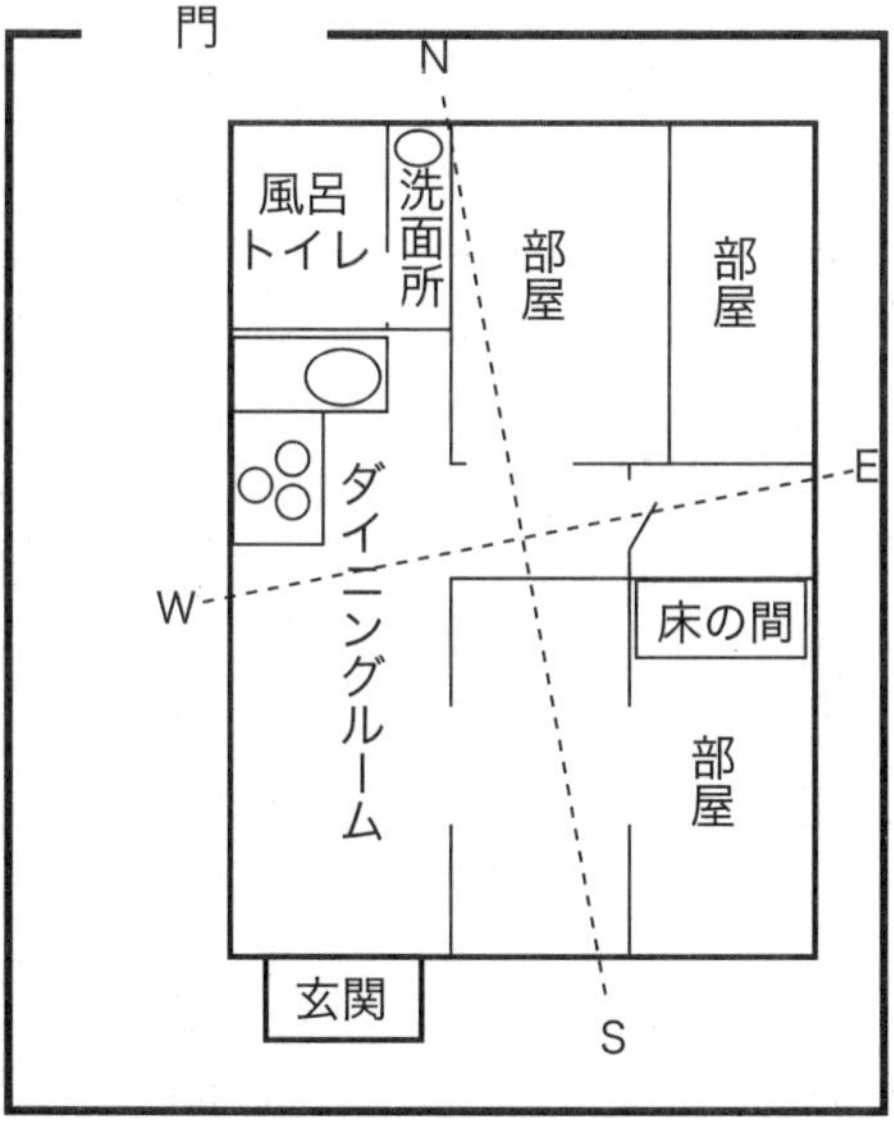

汚れた部分をすべて取り除き、新しい家では水物をすべて北西の位置に小さくまとめている

発作がアパートに引っ越してからはなくなったことも謝花さん夫婦を喜ばせている。

「毎日見ている私たちには変わってきたのがすぐ分かる。普通はだらだらして歩きよったんですよ。ちょっと疲れたらどこでもひきつけを起こしていたんです。だけど、汚れた土を取ってからはなくなっています」

一度、ちょっと疲れたからと言って仕事を早退して帰ってきたことがあった。どうしたと聞くと、「調子が悪いから帰ってきた」と答える。少し不安にはなったが、それよりも自分で自分の体調が分かるようになっていることが驚きだった。

「前だったら、すぐバンみかして（倒れて）ひきつけを起こしていたはずですけどね。家族は喜んでいますよ、それはもう。働いてくれるのもうれしいんですが、親としてはひきつけさえ起こさなくなればいいんです。あれは起こすたびに脳を傷つけると聞きましたから。それがなくなって、こんなに仕事も続いているし」

修理工場での役割は、板金塗装の際に他の部分に塗料が飛ばないよう古新聞を張り付ける仕事などだ。謝花さんの車も一度修理してもらった。そのとき息子は「親父の車はおれたちが直したものだよ」と、誇らし気に語ったという。

「本人だけでは何もできないくせにね（笑）。……今までは、この子どもに何ができるかっていうことしか頭にはないさ。息子には失礼だけど、こんな仕事ができるとは夢にも見ていなかった」

今では職場の人たちと酒を飲んで帰ってくることもある。アルコールが入ると癲癇の発作が起こりやすくなるというので、絶対に触ってはいけないと最初は注意していたのだが、当の本人は「何でもないよ、今は」と平然としたもの。アルコールの入った日は特に気をつけて息子の様子を見ていた謝花さんも、どうやら本当に大丈夫そうなので、今では酒を飲むなと言わなくなった。

「職場の人に送られて帰ってきたときは、だいたいビールの匂いがするんです(笑)。心配は心配ですけど、自分がどんな状態だって分かるようだから上等じゃないですかね。逆に、自分が見つけてきた職場でビールを飲み合う友達もできたと考えたら、親もやっぱりうれしいです」

これまではとにかく家族中が息子の発作のことをいつも気にかけていた。家にいなければ「どこに行ったの」「どこかで倒れていないかねぇ」とみんなで探しに行ったことも数えきれない。家族は自分のことよりもこの息子のことを心配していた。しかし、家を崩してからは息子の顔色が良くなり、とろんとしたうつろな目をすることもなくなった。だらだらと寝込むこともない。

「朝起きて、仕事に行って、夜は僕と一緒に野球ニュースを見て寝る。こうなると、生活パターンは普通の人と同じですよね。もちろん、心配ではあるけれど、前みたいには気を使わない。だから、家族にもゆとりが出てきました。確かに、だいぶ金もかかりましたよ。汚れた土が十トントラックの約十台分ですから。でもね、息子が結果を出しているんだからお金のことは考えません。どうせ、病院行ってもお金は払うんだから。それをこっちに使えば良かったわけですから」

今は新しい家の完成をだれよりも私が待ちわびていると、謝花さんは顔をほころばせた。

「この台所直したら、あんたの手も治るよ」

七年患った掌の皮膚病が一夜で治った

上原茂男さん（61）は、長嶺伊佐雄を四十年ほど前から知っている。当時長嶺は畜産会社で屠者として働いており、茂男さんは昼間はある会社の事務をとりながら夜は学校へ通っていた。職種は違うが、ほぼ同年代で互いに苦労していることを知って友達になったという。

ただ、茂男さんは徹底した無神論者。長嶺が神がかり的なことは長い付き合いの間に耳にしていたが、そのことについては何も聞かなかったし、長嶺も茂男さんの性格を知っているので、そういう話題を積極的には持ち出さなかった。それが暗黙のルールだったからこそ付き合いが続いたのかもしれない。どちらからともなく決められたそのルールが破られたのは、今から七年前のことだ。

病院の薬でも直らない「洗剤まけ（?）」

茂男さんは、十八年前に今住んでいる住宅を購入した。築五年ほどのまだ新しい家で、住み心地は悪くなかったが、越してきて三年目に母が亡くなったころから、妻の友子さん(59)が体の変調を訴え始めた。右の掌だけがひどく荒れてきたのだ。乾燥している状態を通り越して皮膚が異常にかさつき、シワの部分はひび割れて血が滲《にじ》むほど。痛くて、塩や洗剤どころか、洋服に触れることさえ苦痛だったと友子さんは言う。

「利き手だからよけいに大変。病院もたくさん回ったんだけど、どこ行っても、『洗剤まけですね』ってしか言わないわけ。で、薬もらって塗って、布の手袋してその上からゴム手袋までして仕事するけど、それでも滲《し》みるくらいひどい状態だった。もう、何の薬塗っても治らない」

そういう状態で仕事がはかどるわけがない。自然と家の掃除などもおろそかになり、台所に立つことさえつらかったという。握手をされると非常に痛むので、同窓会などにも次第に行かなくなった。

「伊佐雄が私の手を見て、『この台所直したら、あんたの手も治るよ』って、何気なく言うわけよ。そのときは信じないよね。で、そうこうしているうちに、顔は変型するし、体調悪くなって十カ月くらい仕事も休んで、熱が出ては引っ込み、出ては引っ込みの繰り返し」

友子さんが言う「顔の病気」は、病院で「顔面神経痛」と診断された。神経が麻痺して顔が変型し、筋肉も弛緩しているので、普通に水を飲むこともまばたきすることもできない状態だった。開きっぱなしの目は指を使わないと閉じない。大学病院に通い、高気圧治療をしばらく続けてようやく治ったが、その後すぐに今度は腎臓結石を患う。石を砕く治療を病院で受けながら、他の患者はさほど熱も出ないというのに、なぜ自分だけこんなに熱が続くのだろうと不思議に思ったという。そのせいで仕事を長期間休まざるを得なくなっていた。

その頃から長嶺が言ったことが気になっていた。しかし、信じてみようと決めたのは、相次ぐ自分の病気のせいではなく、原因不明の湿疹に苦しんでいた娘を長嶺が意外な方法で助けてくれたことがきっかけだった。

「うちの娘は、小学校二、三年の頃から左腕の内側に汗疹《あせも》みたいなのができて、これがとっても痒《かゆ》いらしいの。もう夏なったら『ひぃーいーいー』して泣くくらい。かわいそうなくらいよ。これが薬では治らなくてね、毎年毎年大きくなるわけ。で、あの子が五年生のときかな、この子はなんでかねって、伊佐雄に相談したのよ」

沖縄では、原因不明の湿疹やじんましんのことを「カジョーリムン」とか「カジョーラー」

と言う。それを治すと信じられている昔からの民間療法は次のような方法で行われる。まず四つ辻の真ん中で紙などを燃やし、草履の底で叩いて消す。その草履で湿疹の部分を軽く擦る。病院でも治らなかったと聞いて、長嶺は最初に古くから伝わるこの方法を試してみた。しかし、全然良くならない。次に、年配の人たちがよくやるたばこの煙を吹きかけて治すやり方をまねてみた。結果は同じだった。側で見ていた友子さんは、「やっぱりこんなことでは治らないのかなあ」と、痛がる娘を見ていて心が痛んだ。

「何回かやってみたけど、娘がつらそうなだけで治らないのよね。そしたら伊佐雄が、『家見てみようね』って家の周りを歩き始めたわけ」

ぐるりと一周して長嶺が見つけたのは、東側の塀の外側に垂れ下がった浄化槽の排気パイプだ。この家を購入した時に下水道へ切り替えたので、かつての浄化槽はそのときに掘り出して廃棄したのだが、塀の外側に突き出ていた煙突状の排気パイプだけは取り残されていたのだ。以前は垂直に立っていたはずのパイプは老化して折れ曲がり、隣の民家の敷地に落ちそうな状態だった。長嶺はうれしそうに、「これだよ、これだよ」と友子さんを呼び、のこぎりでパイプをきれいに片付けた。友子さんがその結果を目の当りにしたのはその翌日だ。

「娘が『あれ、お母さん、なくなっている、なくなっている』って左腕を見せるわけ。これも不思議だったよ。三年間何やっても治らなかったのに。家相がどうのこうのという話はこれから始まっているよ」

家相の話を信じなかった夫の決断

友子さんは、「台所を移せば右手の荒れは治る」という長嶺の話に、真剣に耳を傾けるようになった。病院で治らない難病、奇病はその人が住んでいる家や造った家が原因で起こると聞いて、自分の手や数年前に突然襲った顔面神経痛、腎臓結石が原因と言われているがなかなか治らない発熱のことなどを思い浮かべていた。

「その頃は仕事もずっと休んだままだったの。人間はね、ちょっときつくても睡眠取れば体力は回復するさ。だけど、寝ても全然体調は良くならない。もうこんなだから、やってみようってなったわけ。伊佐雄がね、夫を説得したと思う。あの人はこんな神事は絶対信じないから、私が何言ってもダメなの。私の話聞かない、絶対」

友子さんの信用を得て、長嶺は茂男さんの仕事場へ向かった。道すがらいろいろと茂男さんのことを考えた。相手は苦労して学業を修め、自ら事業を起こして成功している人物だ。現実的で拝みもユタも一切信じない。そんな人を無学の自分が言葉を連ねて説得する自信はない。長年の友として信じてもらうだけだ。そう結論付けた長嶺は、茂男さんに会うやいなや単刀直入にこう切り出した。

「茂男、二百万円貸せ」

支離滅裂である。が、相手を驚かせるだけの効果は充分だった。茂男さんは状況を理解できないままその理由を聞いた。すると、「君の家のトイレと風呂場と台所を移動するから」と言う。

何が何やら分からない茂男さんは、

「はぁ？　我《わ》ったー家《やー》なー？（僕の家を？）」

と言ったきり二の句が継げなくなった。その隙を縫って長嶺は、友子さんに話した家と難病の関係や茂男さんの娘の湿疹が治ったいきさつを話す。無神論者の茂男さんがすぐには納得してくれないことは長嶺にも分かっていたので、話すだけ話してその日は帰った。

困ったのは茂男さんの方である。そのときの様子は妻の友子さんがよく憶えていた。

「『絶対そんなこと信じたくはないけどね、伊佐雄はウソはつけない男だしね。第一、僕にこんなウソをついても何の得にもならないし』ってさ、半信半疑で悩んでいたよ。ははは っ」

今だから明るく話してくれるが、当時の友子さんの体調は最悪だったという。熱は続き、家族の食事も作れないほどきつい日が続いていた。そんな妻のつらそうな姿を見て、結局は茂男さんが折れる形で家の改築にゴーサインが出た。

上原さん宅　比較図

改築前

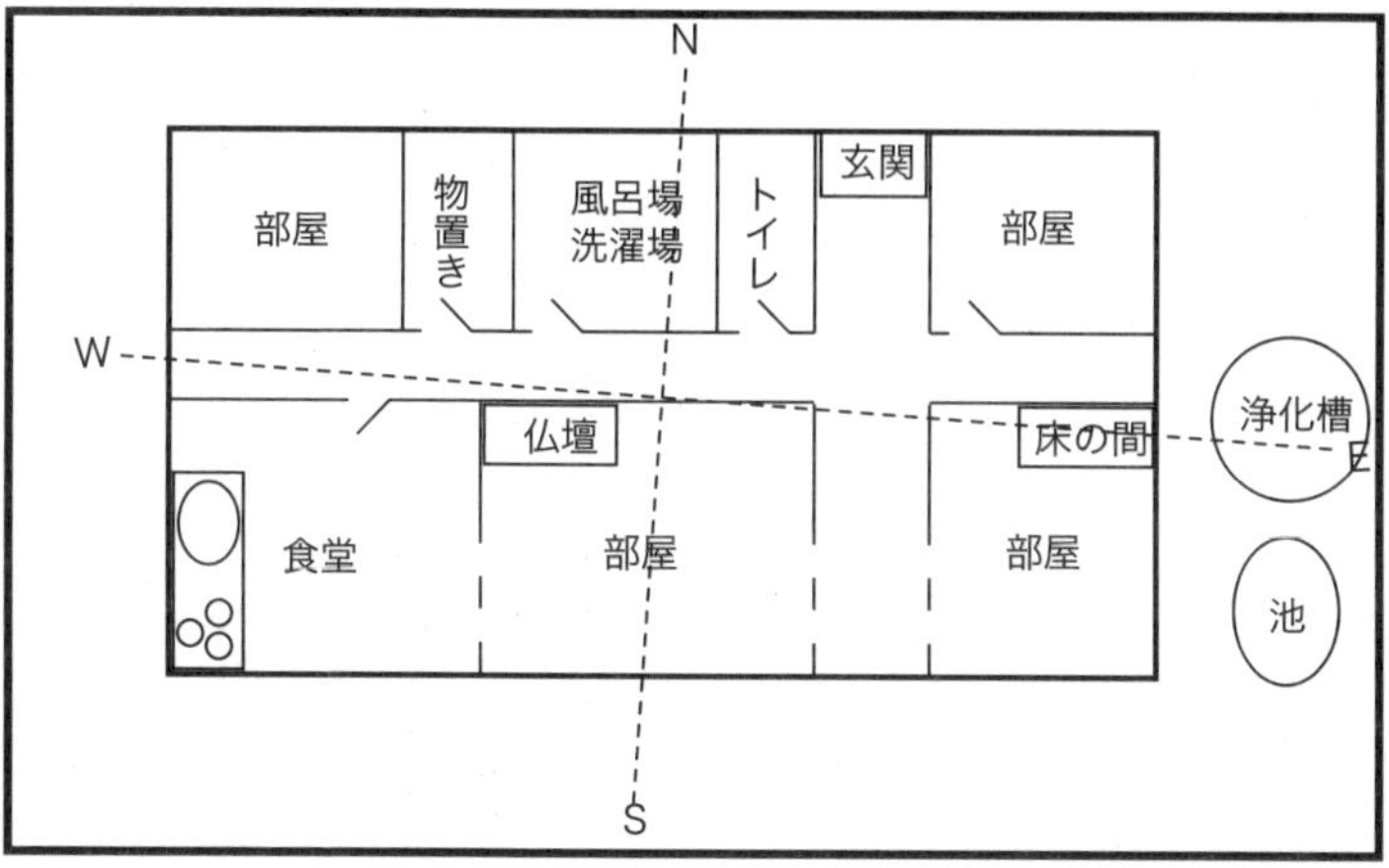

台所やトイレ、風呂場の位置が悪かったので、家の北西側にまとまるよう、改築した

改築後

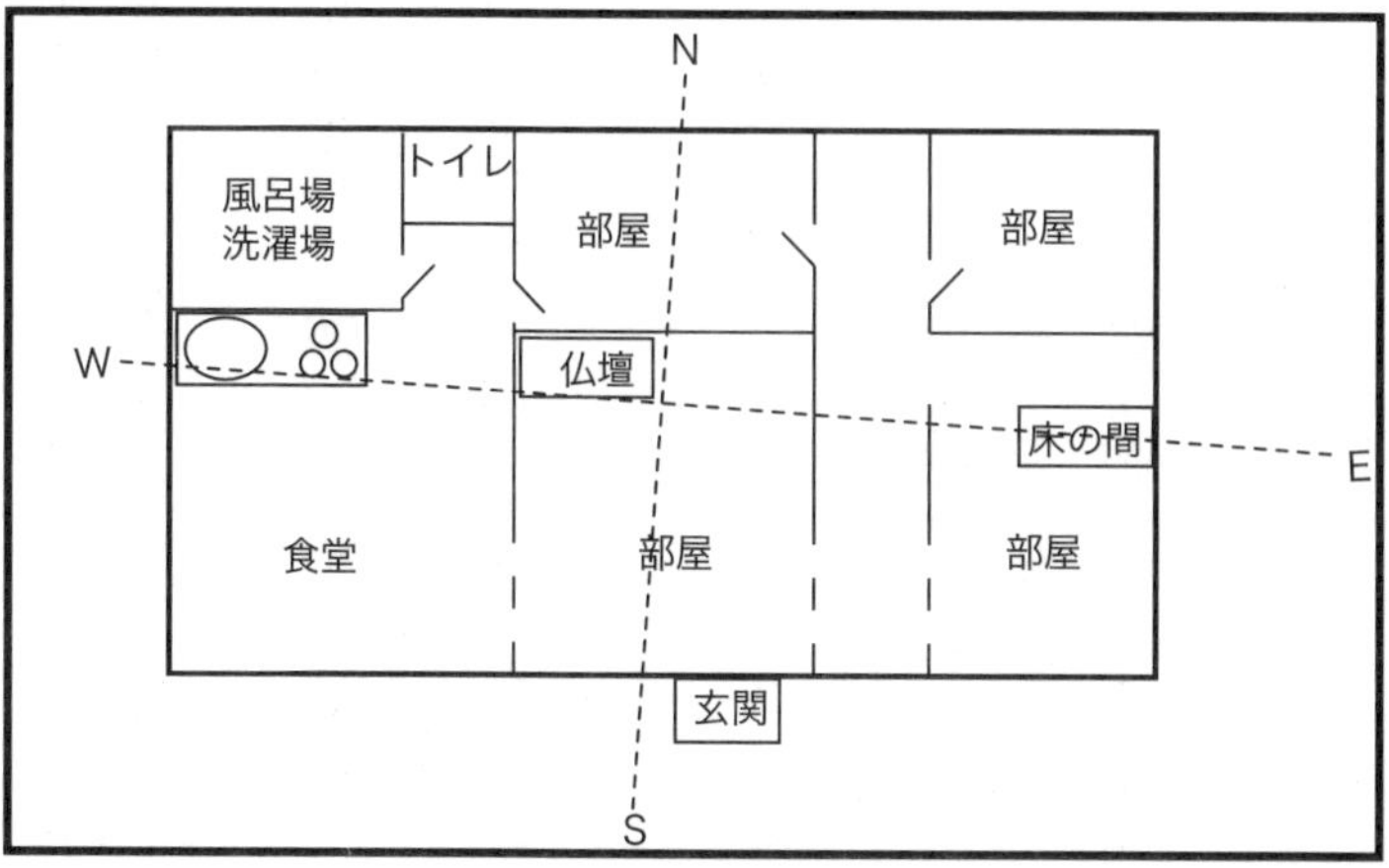

長嶺が言うとおりの位置に台所やトイレ、風呂場を移動する工事が始まった。しかし、友子さんの体調は依然としてすぐれない。右の掌の荒れは台所を移せば治ると言われていたのだが、その部分の工事が終わっても全然変化がない。

「そのときはね、疑ったよ」と友子さんは当時の不安な気持ちを正直に語った。手掛けた以上は完成を待つしかないが、体調が良くなる兆しは見られないまま、とうとう工事が終了した。業者の希望どおりにその翌日改築代金を支払ったとき、このお金がとんだ散財になるかもしれないと思うと夫に申し訳なく、気が重くなったという。

しかし、一夜明けるとその気分は一変した。

「朝になったから、(右の掌)痛くないわけよ。もう全然痛くない。熱いものも持てるし。お金払ったその翌日からよ。そのときに本当にびっくりした。七年患っていたものが一晩でなくなっている。以前は洋服に触るだけで痛かったくらいだから、さすがに塩を触るのはしばらく怖かったんだけど、何触っても痛さは感じなくなったから、試しにって触ってみたら塩も滲《し》みない。どこの病院行っても、どんな薬塗っても治らなかったものが、一晩で治ったのよ。本当に不思議よね」

腎臓結石が原因だと思われていた熱も出なくなり、十カ月振りに仕事へ復帰することもできた。数年後に再び結石ができて病院で石を砕く治療を受けたが、今度は発熱することはなかったという。今ではすっかり元気になった友子さんは、ふと思い出したかのように、この家にまつわる不吉な話を語り始めた。

「この家の前の持ち主は子どもも望むようにはできなくて、大きな事故を起こしたり事業にも何度も失敗しているよ。築五年くらいだからってこの家を買ったけれど、最悪の家だったんだよね、考えれば、池もあったけど、それは悪いって聞いて埋めて、浄化槽の位置も悪いといわれて下水道につないだのがまだ良かったんだろうね。私の症状が悪く出たのは、引っ越して三年目で母が亡くなった後からだけど、それまでは母が調子悪かったと思うよ。絶えずぽかーんと座っていたもの」

台所やトイレなどの水回りを移動して、ようやく安心して住める家になったと友子さんは笑う。

「工事は、最終的には三百五十万円くらいかかったよ。だからね、簡単には人に改築しなさいって言えないよね。でも、病院に行っても治らないとか子どもがそんな病気になっているとか、そういうのが本当に治るとしたら、お金には糸目はつけられないよね。家を改造する前の苦しかった自分を思い出したら、本当に良かったと思う」

ユタは信じないけど、伊佐雄は信じる

さらに、体調の変化は夫の茂男さんにも見られると友子さんは話す。

「夫は結婚前から頭痛持ちだったの。偏頭痛と言われて、あの人も脳神経外科全部歩いているよ。それでも治らなくてね、絶えずバファリン飲んでいたよ。ひどく痛むときもあるらしくて、そのときは『この頭割ってくれ』って言うくらい。また、機嫌の良いときはね、『この頭を治してくれる人がいれば、私が表彰状あげるけどねぇ』って言うわけよ(笑)。あんたの表彰状もらっても誰もうれしくないよって笑っていたんだけど。その偏頭痛も、水回りを変えたら治った」

夫の茂男さんはそれを家相と関連づけて考えたくはなかったらしく、友子さんが「改築して偏頭痛なくなったね」と話し掛けても「ううん、治ってない」と意地を張っていたらしい。

「七年たって最近からようやく言い出しているよ。『やっぱり伊佐雄の言うとおりに家直してからだよなあ』って」

ユタの話を聞いたり拝みをしたりするのは大嫌いと言う茂男さんは、本当にそう思っているのだろうか。本人に直接尋ねてみた。少し長くなるが、以下は茂男さんの感想だ。

「家を改造して、確かに偏頭痛はなくなった。あれから七年くらいたつけど、もう全然ないね。うちの妻にしても、手がものすごく荒れていてたいへんだったのが、改造後完全に治っている。目に見えて分かる変化が自分や家族にあると、家の造り方と健康っていうのは大きなかかわりがあるのかなあとも思うね。少なくとも僕は、伊佐雄の言うことを信じて家を改造して、自分自身や家族に出てきた健康上の変化というものに満足している。

正直に言うと、紫微鑾駕《しびらんか》とか火の神様、床の間の神様、トイレの神様といろいろ伊佐雄に言われても、僕の概念からは理解できないわけさ。神様という言葉は使っているけれど、要するに世界には引力とか磁力とか、最近いわれている電磁波とか目に見えない力がいろいろあるから、そういうものが作用しているのではないかという感じがしないでもない。

そういう力を伊佐雄が『神』だというのではないかと思う。もともとある自然の力のことをね。それはよく分からないし、伊佐雄になんでこんななるのかと聞いても理由は彼自身にも分からないさ。

だけど、結果として治ったという事実があるわけで、それも一人二人じゃない。それが大切なことよね。神様という言葉を使うことに抵抗を感じる人たちはいると思うよ、自分みたいに。僕は拝みごととかユタとかは今でも本当に嫌い。ただね、伊佐雄が言うことは、自分の身にも起こったことだから、全面的に信じているわけ。人の身体に何か及ぼす力というものがあって、それを感じる能力を伊佐雄が持っているんじゃないかという感じはする。

昔の人はよく勘が冴《さ》えていたという。我々の第六感というのかな、今衰えかけているものが伊佐雄にはあるんじゃないか。地震が来る前に動物は反応するとか、台風の少ない夏の前にはデイゴの花が咲かないとかいろいろ言うでしょう。動植物のように、『何か』を感じられる人がぽっと出てきた場合、何百万人に一人とか、何十億人に一人かもしれないけど、それは不思議ではないと思う。

ただ、その人に本当にそういう力があるのかっていうのは、結果で見せるしかないでしょう。伊佐雄の場合は実際に治っている人がいるんだから、あとはそういう結果をどんどん増やしていくことじゃないかな。

こういう話をすると、宇宙の話になっていくさ。人間の力のはるかに及ばない法則があって、それを科学することはできるけれど、最終的には「神の意思」というものがあるのかどうかという話。ものすごく有名な科学者であっても神の存在を信じるような言い方をするさ。

我々無学の者からみるとどう考えて良いのか分からないけれど、伊佐雄のやっていることは、家相で人が良くなればさ、結果としてそういう力があるのが分かれば、それでいいんじゃないかと思うよ。今の科学では分析できなくても、何十年後何百年後にこの不思議な力が何によって起こるものか、解明されるかも分からんさ」

「光と風と水周りの配置に気をつけて」

家相の良い家に住み、仕事も大成功

「名前を公表してもかまいませんよ。その方が信じてもらえるでしょう」と、沖縄市に住む真境名健二さん(37)は快くインタビューに応じてくれた。ご厚意に甘えて、この項だけは実名で紹介させていただくことにする。

真境名健二さんは、今から約六年ほど前、父親に家を建ててはどうかと勧められた。那覇市内にある実家の隣には父が買った土地があり、そこを使っていいと言う。当時、健二さんは妻と子ども二人の四人家族。築三十年以上はたつ古い市営団地に住んでいたので、父親の気持ちはうれしかった。隣近所に親戚がいて妻には住みづらいかなとも思ったが、夫婦で話し合った結果、団地よりは持ち家の方が良いと妻も納得してくれた。

話が進み、家の設計段階に入った頃、一つのニュースが夫婦を喜ばせた。妻が妊娠したの

だ。しかし――。

「二カ月くらいで妻の体調がおかしくなって、子供は流れてしまったんです。妻も僕も非常にショックを受けて、家どころではない。結局、建築は中止になりました」

悲しみを乗り越え、妻が元気を取り戻してくると、夫婦は再び家のことを考え始めた。

「団地の生活っていうのはうまくいかなくて。しょっちゅうけんかで、別れるような話も毎日っていうくらい飛び出していたんです。やっぱり家が欲しいね、環境を変えてみたいって、冷静になったとき二人とも思うんですよ」

一年後、二人はまた実家の隣に家を建てようと決意する。しかし、今度もまた設計図が出来上がったころに妻が妊娠し、その後まもなく流産した。同じことが二度も、それも一年後の同じ時期に続き、「これは、なにかある」と、健二さんは家の建築を再び断念した。

その頃の健二さんは仕事の面でも行き詰まっていた。以前は大手の会社に勤めていたのだが、「向こうの会社を手伝ってみてはどうか」と知人に勧められて転職した途端、仕事はなかなかうまくいかず収入も激減した。行政書士の事務所を開いたがこれも順調には行かない。仕事上のアイディアは浮かびやる気もあるのだが、気持ちが空回りして成果がまったく上がらなかった。

「やめた会社からは中傷の文書が客に送られて、非常にやっかいなトラブルにも巻き込まれてしまったんですよ。一年くらいかけて信頼を回復させたんだけど、お金はついてこない。以前は月に五十万円くらいもらっていたのが十万まで収入が減って、どんなしてこれで生活していこうかと本当に苦しんだ時期でした。仕事も落ち込む、家庭はけんか。本当にどん底だったんです」

そんな生活を振り返って、これも自分の責任だと健二さんは反省したという。

「子どもを流産して、家の計画が中止になっても設計料は払わないといけない。生活はギリギリでしたから、毎日けんかはするし、妻は泣くし。それも、僕が弱いから、みんなからすごく下に見られていろいろと言われてしまう。それが妻を傷つけるものだから、夫婦げんかの原因にもなったりするわけですよ。そのときに、本当に自分の女房はかわいそうだなあと思いました。彼女にこんな生活をさせてはいけんなあと。僕自身、家庭を守るという役割ができていなかったんです」

そんなとき、知人から「お前たち、この団地に住んでいたらもっともっと悪くなるよ。借金も増えるよ」と言われたという。夫婦で話し合い、家は欲しいが、父親が準備してくれた土地に家は建てられないと意見が一致した。健二さんは、その土地を売らせてくれるように父親に頼み込んだ。売ったお金を頭金にし、比較的土地の安い郊外に家を建てるつもりだった。二度の流産という事情を知っている父親は、何とか了承してくれた。

初めて家相の話を聞く

沖縄市泡瀬に土地を見つけた健二さんは、家を引っ越すように助言してくれた知人に相談した。

「彼はね、すでに自分の家を持っていて、実は僕が二回目に家を設計する段階で、『自分の友達のお父さんに家相見る人いるから、お前たちも会ったほうがいいよ』って言っていたんです」

そのとき妻の孝江さんは会いたがっていたらしいが、健二さんは「家相なんてないよ」と自分で設計を進めている。しかし、父親の土地に家を造ろうとしたら二度も子どもが流れてしまった。これ以上家族を犠牲にするわけにはいかない。今回は自ら会いたいと思った。

「これは建てようとする土地に問題があるのか、建てようとする家の設計に問題があるのか、またはその両方か？　ここにその設計通りの家を建ててはいけないと、子どもが身を挺して教えてくれたのではないだろうか？」。そう感じた健二さんは、誰でもいいから真実を教えてもらいたかった。「家相を見る人」とはどんな人なのか、その知人に詳しく説明してもらい、そこで長嶺伊佐雄の名前を初めて聞いた。

真境名さん宅　比較図

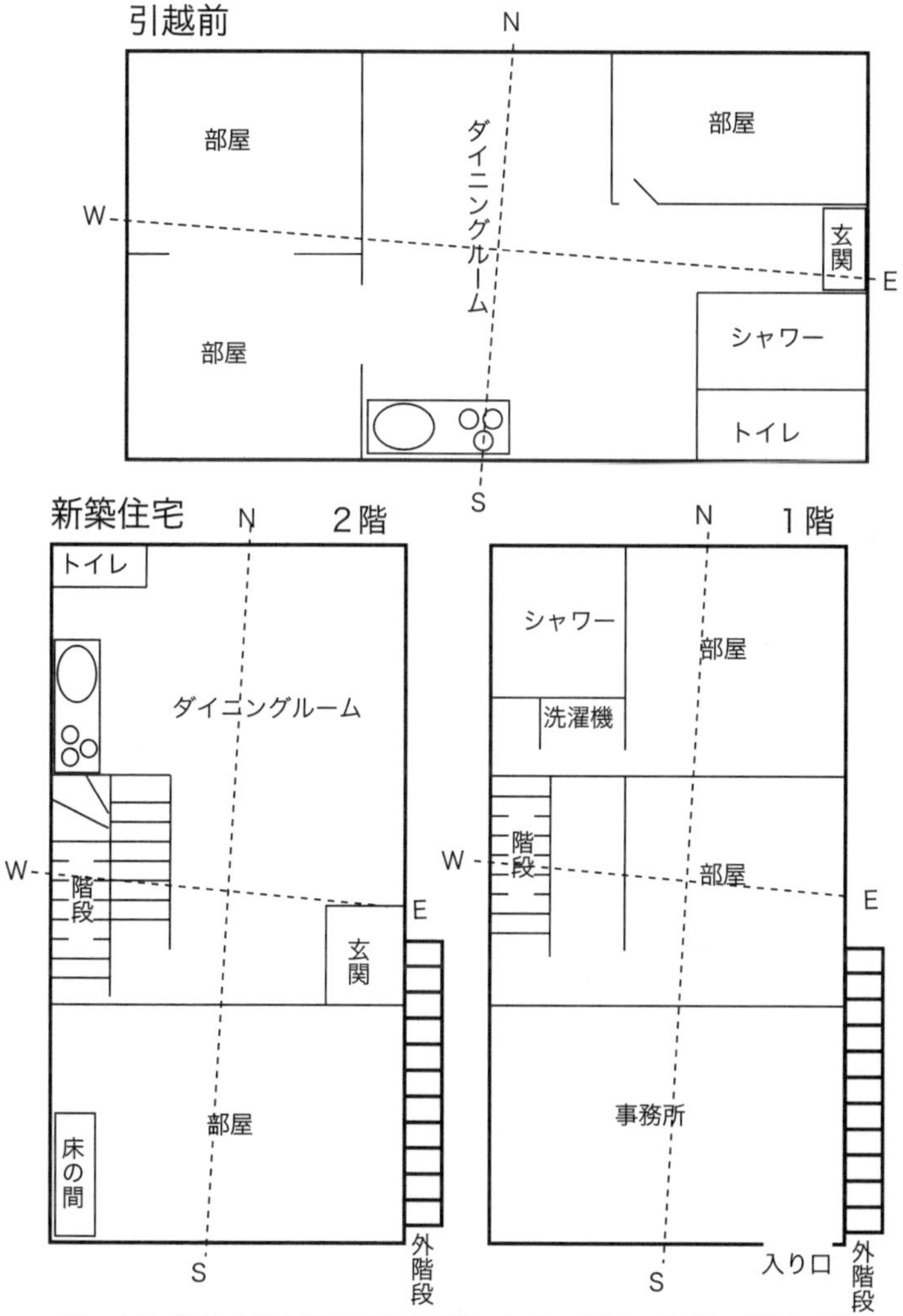

引っ越し前は水物が家の東と南側にあり、最悪の家相。新居では、水物を北西にまとめ、床の間を東に向けて明るくした

「その知人は、家を買おうとして長嶺さんにその物件があるところまで同行してもらったそうです。何軒か売りに出ている住宅を見て、『ここはやめた方が良い。火が出るよ。あっちは財産がなくなるよ』と言われて、結局ここなら良いと言われた家を買ったらしいんです。で、そこに住んでしばらくしたら、火が出ると言われた家が実際に火事になったと驚いていました。それから、長嶺さんは霊感がすごく強いとか、俗にいう風水とは違うけれど独特の家の造り方を教えるとかいろいろ話して、最後に『長嶺のお父さん、僕は千%信じている』って言い切ったんです」

真境名さん夫婦は、知人が「火事になった」と話していた家を実際に見に行った。焼け跡を目の当たりにして、これを当てる人もいるのならと、長嶺に会いたい気持ちが強まった。

「とにかくいろいろなことがありましたから、幸せになりたいっていう気持ちしかなかったですよ。人が千%信じているというのなら話を聞いてみよう。話を聞いて納得できたら、どんなことを言われてもそのとおりの家を造ろうと、会いに行ったんです」

長嶺から家相と人間の健康や家族の和には大きな関係があるという話を聞き、夫婦は自分たちの過去と照らし合わせ、この話を信じようと決めた。家を造った後で直すのはたいへんだ。今から造るのだからすべて聞き逃さないようにしようと必死だった。それだけ、絶対に幸せになろうという気持ちは強かった。

話はとんとん拍子に進んでいった。最初に購入予定の土地を見せると、長嶺はすぐに「ここは良いよ」とオーケーを出す。それから地面にしゃがみ込んで土の上に簡単な設計図を描き、「こんなふうに造りなさいね」とにこやかに説明する。わがままを言わずに、言われたままに造ろうと気負っていた二人には、少し意外だった。

「決まりごとってそんなにないんですよね。土地が汚れていないか確認したら、屋敷囲いはしっかりとやって、床の間は明るく、トイレや台所、風呂場は決められた場所にできるだけ小さく造りなさいねって、それだけなんです。でも、それに狂いがないように、図面ができてからも何回も何回も通って相談しました」

新居で一変した生活

当時、健二さんはまだ行政書士の事務所を開いたばかりで、顧客も二社しかなかった。仕事が増えなければ、一家四人で生活しながら住宅ローンを払うことは到底難しい。家の建築は完全な見切り発車だったが、今の仕事でお金が払えないなら、どんなにきつい仕事をすることになっても構わないと決意していた。しかし、実際に家が完成すると、その心配は杞憂に終わった。

「この家に住んで、顧客が二件から四件、八件と倍々ゲームみたいに増えてきた。三年たたないうちに、六十三社まで増え、自分自身驚いています」

月に十万円しか入らなかった収入も、あっという間に倍々に増えた。今では実力を認められ、企業の合併を複数手掛けたり、行政書士の集まりで講演したりすることもあるという。

「今の家に住んでいると、長嶺さんの言っていたことが実感として分かってくるんですよ。例えば、床の間ですね。明るくすればするだけ商売もうまくいくし頭が冴《さ》えてくるよって言われたんで、可能な限り窓を大きくした。だから最近こんなにお客さんが入ってくるんだなあって思いますよ。また、近頃は難しい仕事でいろいろと頭を働かせることが多いんですよ。ああ、こういうことなんだなあって、つくづく思う。座っていると気持ちが良いし、風もよく入ってくるし、勉強してもよく頭に入ってくる。これで自分は成功しているんだなあと思うんです。何よりも光と風と水回りの配置が科学的にものすごく理にかなっているんです」

子どもたちも見違えるほど元気になったという。特に長男は、前の団地に住んでいるときにはよく風邪をひき、熱が上がると「精神的にもおかしくなったように」わーと叫んで家の中を走り回ったりしていたそうだ。それが、体調的にも見違えるほど強くなった、と健二さんは言う。

「こいつも変わったなあと思います。なんだか自信満々なんですよ（笑）。親が自信を持ってきたからかもしれないけれど」

家族が健康になり、仕事も順調すぎるくらい成功している。夫婦げんかも今はまったくない。当時のことを思い出しながら、妻の孝江さんはため息をつく。

「今がおだやかだから考えられないんですよ。どうしてあんな精神状態だったのか。毎日、別れるって大げんかしていたあんな時期があったよねぇって、不思議な気持ちがします」

健二さんも昔と今を比べてこう語った。

「僕は昔から人間はこうなりたいと思う方向にしかならない、と思っていたんです。でも、それを実現するには絶対大丈夫という強い信念と、自己暗示とかいうものが絶対に必要なんです。それが僕には欠けていた。だから、すべてが空回りしていた。そこに気づいたのはこの家を造ってからで、そしてそれを僕たちに教えてくれたのが長嶺さんだったんです。家を建てる前、妻が『本当にローンを払っていけるでしょうか』と心配そうに言うと、長嶺さんは『大丈夫。良い家に住んだら必ずうまく行く。それに健二君だから何も心配することはないよ』と何度も僕たちに言って聞かせたんです。そのうち僕たちも『そうだ。何があっても大丈夫なんだ!』と思うようになったんです。自分の親でもここまで自分に自信を与えてくれたことはなかった。僕たち夫婦が長嶺さんを本当に信頼して慕っているのは、その不思議な力よりも、長嶺さんの人生観やその優しさをすごく尊敬しているからなんです」

家族も健康になり、仕事は順調に伸びている。幸せは続き、今年の初め、待望の第三子も誕生した。しかも、その日は流れてしまった子どもたちと同じ予定日だったという。さらに、と健二さんが話を継いだ。

「おまけがあるんですよ、続きが。この家に住んで二年目に今の二倍の広さの土地を買ったんですよ。今度そこに家を建てて移り住むことになりました」

事務所兼用の今の住宅は、顧客が増えたため手狭になっている。仕事も幅も広がり、人を雇わないと厳しくなってきたので、買い求めた土地には住宅と事務所を別々に建てようと考えているという。この計画を立てたとき、せっかく良い家を造ったのにまた別の家を造って住むことを長嶺に言うには気が引けそうだ。

「長嶺のお父さん、がっかりするかもしれんなあと心配だったんです。でも、良い家が増えるんだからと喜んでもらい、ここも同じようにこんなして造りなさいよってアドバイスしてもらったんです。考えてみれば、お家の神様にとって良いお家がもう一軒増えるわけだから決して無礼になることはないだろうし、ここに住む人がこの家を改築したりしなければ幸せになるだろうと思いました」

家の買い手はもうすでに決まったらしい。今度の持ち主は、方位磁石を持って家の相を見ながら購入を決めたのだという。

「やはり、そういう関心がある人がこんな良い家を買うんだなあ」

その日の夜、夫婦は手放すことになった家の話で盛り上がった。

新しい家と事務所は、今設計中で、「もちろん、長嶺さんの言う光と風と水回りの配置に気をつけて、住宅の水場は小さく小さく、床の間はたくさん陽が入るようにしている」と健二さん。事業の発展は本人の実力と努力の賜物に違いないが、健二さんはそれを『家』が後押ししてくれると信じている。

「もっと家相の良い家に移れば治る」

引っ越すだけで消えた心臓の痛み

「左胸の辺りが異常に痛い」

浦添市に住む大城光子さん(58)がそう感じ始めたのは、ちょうど五十歳の誕生日を迎えた頃だった。以前から、運動をした後にわずかな痛みを感じることはあった。職場の健康診断で二回ほど心臓の再検査を受けたこともある。そのときは「特に病気というほどではない」という医者の言葉に安心していたのだが、今度ばかりはそうもいっていられないくらいの激しい痛みだった。

「ちょっとの坂道でも、歩いていると心臓が刺すように痛かったんですよ。また、身体もとっても重たくてですね、例えば道を歩いていて、あ、後ろから誰かが来るから早く避けようと思っても、身体が重たくてさっと動けないほどだったんです」

病院に行くと、「狭心症の疑いがある」と言われた。どんな病気なのか、自分がどうなるのか、どうすれば治るのか、大城さんは矢継ぎ早に質問をするのだが、医者は病名をはっきりは断定せず、「もうちょっと調べてみましょう」と繰り返すだけだった。

そのうち、心臓が痛むだけではなく、脈が異常に速くなり、苦しくなった。そして、なぜか顔がいつも真っ赤になる。

「もうこんな状態ですから、仕事にもいけない。結局二カ月ほど休みをもらったんです。あっちこっち病院を回って、徹底的に調べてもらおうと思って」

しかし、どこの病院でも何の病気なのかははっきり分からないと言う。結局心臓の専門医がいるという大病院を紹介され、検査入院ということになった。

「本当に検査検査ばっかりで何も言わないんですよ。心臓が痛いのと顔が赤くなるのは関係があるかということさえ、よく分からないっていうんです。なおさら不安ですよね」

病院をあきらめ、ユタに走る

仕事を休んでいる二カ月間は、少し歩くだけで心臓が痛むので外に出るのが怖かったという。相変わらず脈も速く、顔が赤くなってしまう症状も治らない。ときどき頭痛もするようになり、寝込む日が増えた。

「ずっと家にいるので、体調のよい日はテレビでも見ようと思うんですけど、なんだか落ち着かない。じっとしていられないんです。なんかそわそわして、気が狂いそうになっている。そんな自分が分かるのが怖い。精神的にも自分自身に異常を感じているのが怖いんです。『あい、分かっているのに気がおかしくなっていくのかなあ』っていう恐怖がとてもありました」

肉体的にも精神的にもさまざまな症状を自覚し、苦痛を感じている毎日。次第に食欲もなくなっていく。家族のために食事を作り、自分の分もいつもどおりよそうのだが、途中からまったく胃が受け付けない。お腹の中に空気が入っているように腫れぼったく感じ、いつもの三分の一の量も食べられなくなった。

—あいやー、私はガンじゃないかねぇ—

大城さんはそんな不安を感じていた。家族の手前、口には出せないのがさらにつらかった。原因をはっきりと言ってはくれないので、結局病院に通うのはやめてしまった。これは病気というよりも何か他の原因があるんじゃないかと思うようになり、今度はユタの家をあちらこちらへ訪ね始める。

「もう何をしていいか分からないけれど、塩をまいたり、サングゎー（細長い草の葉などで輪を作った沖縄に伝わる魔除け）を作って持ったり、塩をビニールに入れてそれを懐に入れたり、とにかくいろんなことにすがりました。『生まれ故郷の拝所を回って拝みして来なさい』とあるユタに言われたので、あっちこっち行って拝みもやったんですが、その晩また気分が悪くなってですね。あぁ、これはユタでもダメだなあと思った」

そんなとき、思い出したのが、数年前に職場の同僚が話していた家相のことだった。そういえば、家を改造して病気が治ったと話していた。当時は気にもならなかったが、今、私の住んでいる家はどうなんだろう——。その話をしていた同僚に電話をかけると、長嶺伊佐雄を紹介された。

「私たち夫婦は、築何十年という古いアパートに、その頃でもう十三年くらい住んでいました。長嶺さんにまずその家の中の様子を描いてと言われて、東側に何があって南側に何があるとやっていたらもう、『家相が悪い』とすぐおっしゃるんですよね。具体的には、東側に洗濯場所と台所などの水物があって南側にはお風呂場やトイレがあったので、それが悪いと言われました」

どうすれば良いのか聞くと、答えは簡単だった。「もっと家相の良い家に移れば治る」

「もうこのままでは本当に気が狂いそうですから、何にでもすがってみようと思って、すぐ別のアパートを探し始めました。たとえ家族が信じなくても、私としてはもう絶対そうしてみようという気持ちが先だった。とにかく自分が元通りに治りたいという気持ちだけで」

家族は光子さんが苦しんでいるのを知っているので、何も言わずに協力してくれたという。

「お金がいくらかかるとかそんな気持ちもまったくないですよ。実はあの当時、夫に内緒で高価な健康食品を買って飲んでいたくらいだったんですよ（笑）。引っ越すだけで自分のこの痛みと苦しみがなくなるんだったらいいとしか考えきれなかったです」

ところが、そのアパート探しが大変だった。長嶺の言う家相に合う物件はどこを探してもなかなか見つけられない。友人にも頼み、ようやく選んだのが今のアパートだ。ここも長嶺が言うとおりの完璧な家相ではないのだが、それでも「今のお家《うち》よりは絶対良い。ここに引っ越した方が良いですよ」と言われ、夫婦は急いで荷造りを始めた。

引っ越してすぐに体調ががらりと変わるという劇的な変化はなかったが、「だんだん気が狂い始めている」という不安が徐々に消えていった。食事も少しずつ量が増えていく。次第に良い方向に向かっているという感じがあった。

「本当に悪いものがひと皮ひと皮剥かれていくように体調が良くなってくるんですよ。全体的に徐々にという感じで。ご飯はおいしくなってくるし、もうあの家で食べられなかったのがなぜかなあと思うくらい。徐々に身体も軽くなるし、この心臓の痛みがいつの間にか消えている。脈拍が速いのもいつの間にかなくなっている。十二月の暮れに引っ越したんですが、二月くらいからは本当に調子良くなったなあって感じました。病院でも全然分からないことが、家

大城さん宅　比較図

引っ越し前

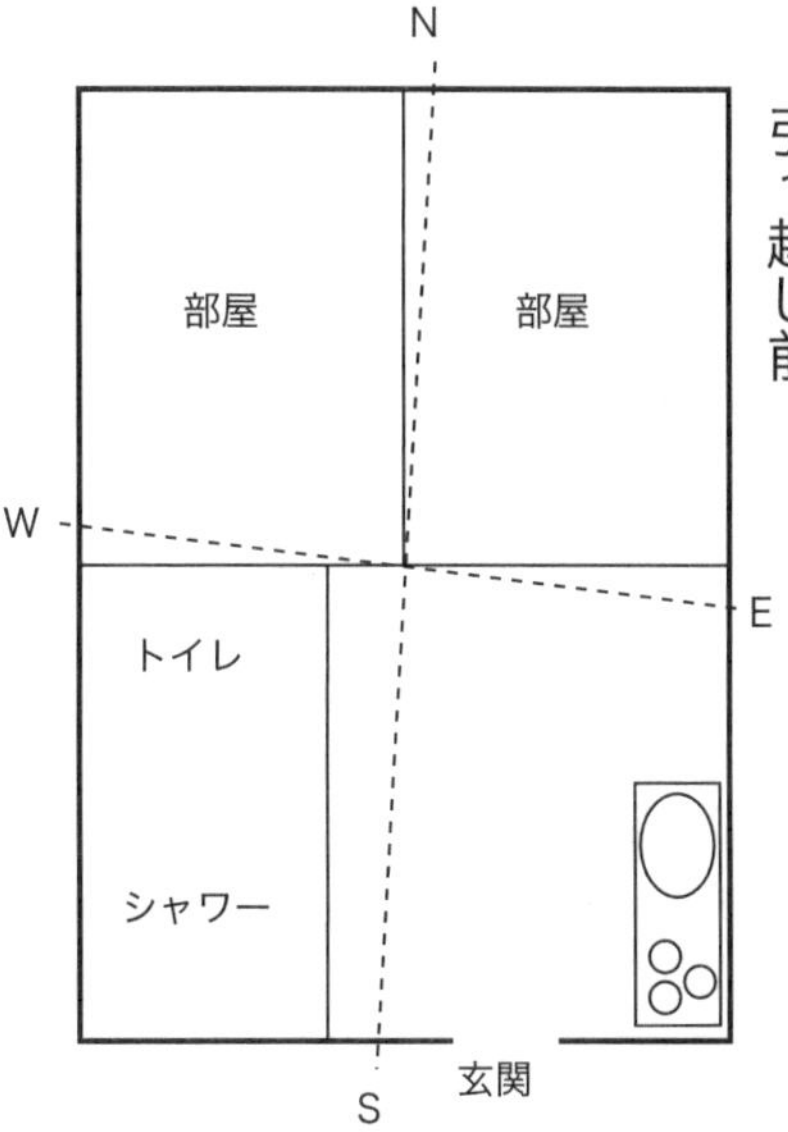

住居の南側にすべての水物が集まっているのが悪い。建物の築年数がかなり古いので、それも大城さんに災いした

引っ越し後

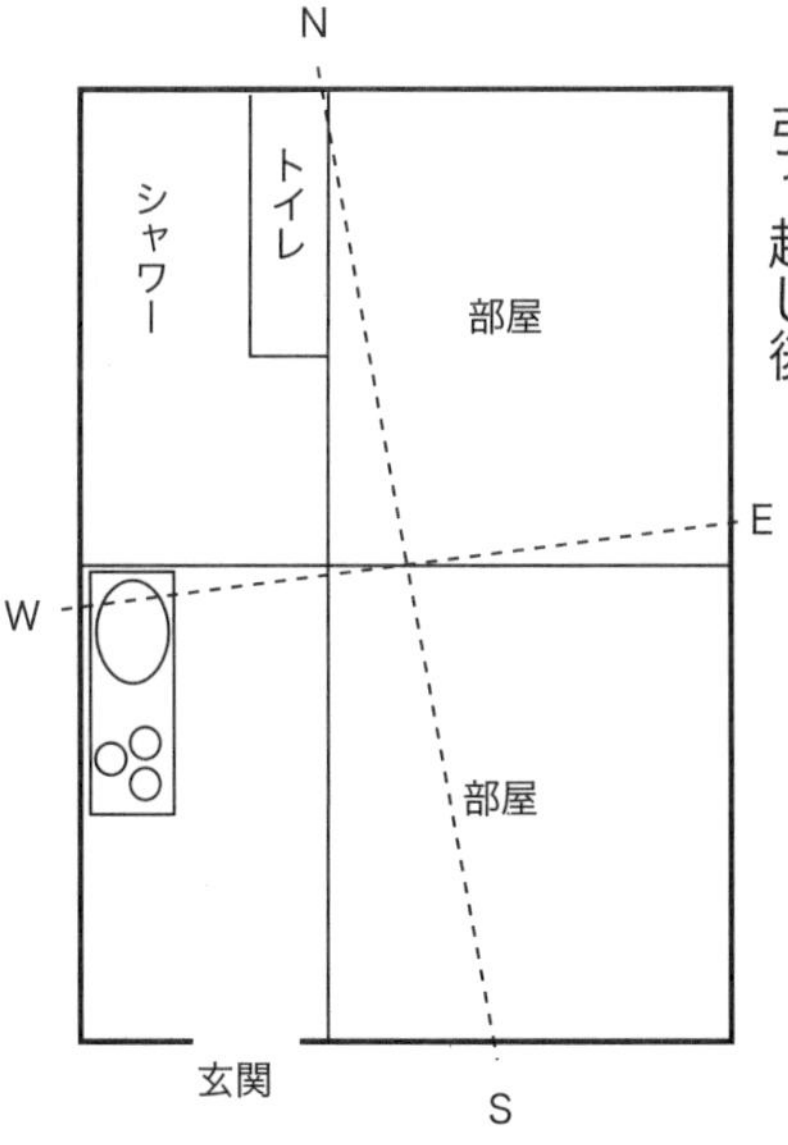

現在の住居は、水物の位置が過去のものと比べて北西に近づいているのでまだ良い。ただし、台所が南側に寄っているので要注意。年数が古くなると怖いので、体調の変化などに常々注意しなければならない

を引っ越すだけで良くなってくるのだから、神事《かみごと》というのはやはり人間となんらかの関係があるんだなあと思いますね。あれから八年くらいたちますが、今はもうあのときの苦しみがあったというのはウソみたいです。ご飯がおいしくて、逆にダイエットしないといけないくらい(笑)」

「水周りを北西に移せば、お母さんは良くなるよ」

台所を恐れていた母が、洗い物をするようになった

石垣市の長濱陽子さん(29)は四人きょうだいの次女。長女は那覇へ嫁いだので、現在は両親、兄、弟と五人で暮らしている。仕事をしながら家事も一手に引き受けるしっかり者だが、母親である敏子さん(65)の世話だけは大きな負担となり、陽子さんを心身ともに疲れさせていた。

敏子さんの様子がおかしくなり始めたのは、今から約十年前のことだ。その頃、一家は島の北部の小さな街に住んでいた。陽子さんはその当時の様子から話し始めた。

「石垣に来て初めて買った古い民家だったんですけど、そこに住み始めて二年くらいたったころかな、母親が、最初は目つきから変わってきたんです。何だか焦点が定まらないような目をするようになって、その後、家の中をうろうろ歩き回るようになりました」

敏子さんは当時五十代の半ばで、普通に考えれば老人性痴呆症の可能性は低い。これは何か

の知らせではないかと、年配の親戚たちは口をそろえた。

「前々から私の母は神高い（霊感が強い）って、ユタみたいな人たちには言われていたんですよ。その人たちの言うには、旧の三月と六月には竜宮が開くから（敏子さんが）うろうろするよ、拝みか何かやるべきことがあって、それは足を運びなさいっていうことだからって。私たちはそれは半信半疑で聞いていたんです」

敏子さんの徘徊は頻繁にあるわけではなく、ふだんは普通に話もできる。しばらく様子を見てみようと家族は考えた。そんなとき、長濱さん一家が住む土地を買いたいという不動産業者が現れたので、これも敏子さんに良い刺激になるかもしれないと、一家は土地建物を手放し、石垣市内に中古住宅を買い求めた。今から八年前のことだ。

その家は鉄筋コンクリート建てで、今まで住んでいた古い民家と比べるとかなり大きい。業者との売買契約は敏子さんが交わし、次女の陽子さんが立ち会った。「こんな大きな家に住んだら周囲の目も違ってきますよ」と、業者が言ったのを陽子さんはよく覚えている。

「父の体が少し不自由なので、家族がどんなに頑張っていても、下げて見る人がいたんです。その人が言ったとおり、この家に住み始めたらいろんな商売の話が入ってきました。人って外見見るんだなあって実感しましたね。母もこんな大きい家に住むのがうれしかったようで、引っ越した直後は夜中まで家を掃除していました

「この家から出ていけと言っている」

しかし、そんな幸せな時期も長くは続かなかった。家を移って三年を待たずに、敏子さんがまたおかしな行動をとり始めたのだ。

「怖い怖い。ここの水は汚い。汚いよ、汚い。ここの水は飲めないよ」

そう言って、極端に台所を怖れるようになった。蛇口に触れることさえしない。食事の支度をするために家族の誰かが流し台の前に立つと、後ろから強くお尻を叩き、「作るな、ここはうちのじゃないから。なんで人の所に来て台所を使っているか」と怒った。

それからまた、家の中をうろうろと歩き回るようになる。「違う違う、ここはうちの家じゃない。出て行けって言ってる」と呪文のように繰り返しながら歩く。尋常ではとてもなかったと、陽子さんは目に涙を浮かべる。

「例えば台所のテーブルの周りを、本当にめまいがしそうなくらいぐるぐる回ったりするんですよ。本当に速く。そのときは目の色も変わっています。だけどね、かわいそうなのはね、ずっと歩きますよね、テーブルの周りをぐるぐるぐるぐる早足で。歩いていて泣くんですよ。『休ませてくれ』って。休みたいんだけど歩かせるんだって。で、泣くんですよ。私たちもそれを見ている親戚の人たちもみんなもらい泣きして」

家族のだれもが精神的にまいっていた。特に、昼間働きながら家では家事も母親の世話もすべて任されている陽子さんは、肉体的にも苛酷な毎日が続いた。家族が寝静まってから敏子さんが部屋を出てしまうので、夜も一緒の部屋に居て気を配らなければならない。熟睡できないことが一番つらかった。

「夜中にボンって飛び起きて、ベッドの上から飛び下りてうろうろし始める。そして、電波が聞こえるっていうんです。テレビのような感じで電波が聞こえるって。それから『この家は自分の家じゃないから出て行く』とそればかり言う。『大丈夫だから』ってまた寝かせるんですけど、その繰り返しで寝かせてくれない」

あまりのきつさに、陽子さんはきょうだいに助けを求めた。目の下に隅をつくった妹の顔を見て、那覇に嫁いだ姉が二カ月あまり母親を預かったこともある。その間だけ陽子さんは久し振りにぐっすり眠ることができた。体調も徐々に回復したが、元気になると今度は姉の家族のことが気になり始めた。

「姉さんの所もだんなさん方の親がいらっしゃるし、姉さんの立場が悪くなるといけない。結局は私が面倒を見ないといけないなあって、また母を呼んで」

再び以前のような、眠れない生活が始まる。きょうだいは、解決策を求めて母親を精神科にも連れて行ったが、症状は変わらなかった。それどころか、家族の願いをよそに、敏子さんの行動はさらに不可解になっていく。一日中ベッドの中に入り動かなくなる日も多くなった。寝ているわけでもなく、毛布を顔の半ばまで引き上げて、目だけをきょろきょろと動かしている。

食事さえとらない日が続いた。家族だけではどうしようもなく、陽子さんは知り合いの看護婦に連絡して家に来てもらい、一週間敏子さんに点滴を打ってもらったこともある。それで元気を少し取り戻した敏子さんは、陽子さんに向かってこう言ったという。

「自分は死んで生き帰ってきた。あの世の入り口はとてもきれいで、その中に入ろうとしたらそこには番人がいて自分を殴るんだ。あなたは今来る時期じゃない、なんであなたは今来たかと。自分はすごく叩かれた」

ひどく殴られたので皮がむけているのではないかと自分の体を点検しながら、敏子さんは続けた。

「お前（陽子さん）が私を生き返らせた。あんまりに苦しいから、自分を死なせてくれたら良かったのに」

陽子さんは気丈にも「今死んだら葬式とかあるし、子どもたちが難儀するからもう少し頑張って生きてちょうだい」と冗談めかして言い、母親を勇気づけたが、あとは神頼みしかないとそのとき思った。

ユタにも見放される

「最初は親戚の人たちも反対していましたよ、ユタ買うのは。こんなのやっても治らないのにって。私の兄も信じてはいないんですけど、もうどうしようもないもんですから、反対はしないって」

陽子さんがユタの家を訪ねたとき、一番驚いたのはその料金の高さだった。

「これで本当に治るんだったらと、多いかなと思いながら二万円包んで渡したら、『私は三万です』って。そのときは払ったんだけど、ユタってこんなにお金かかるのかあって思いました。姉にも相談したら、那覇は三万から五万が相場だっていうし、じゃあお金がないと母は助けられないのかとか、すごく悩みましたよ」

それでも何とかお金を捻出し、陽子さんはユタ通いを続けた。何か拝んでもらっている時は、一時的にせよ母親の様子が少し良くなるような気がしたからだ。

「もういろんな人に頼んだんですよ。そしたら、『通らない、通らない』って。何か拝みごとが通じないという意味なんでしょうね。母は母で『間違っている。間違っている』って言って逃げて行くんですよ。そしたら、ユタも『この人は同じ神高い（霊力のある）人の中でも位の高い人だから、この人より低い人を連れてきても通らない。高い人じゃないとバカにして横を向く』とか、いろんなこと言われて」

一度拝みなどを頼んだ人に、「まだ治らないから」と電話を入れて再び訪ねて行くと、「自分がやって治らないことはない」とすごく怒られたこともあった。また、あるユタは、約束の時間に訪ねていくと他の客がいるからと面会を拒否した。

かなり嫌な思いもしたが、その人たちに治せないなら、もっと神高い人を探そうと、陽子さんは再び姉に相談した。あまりにも陽子さんが切羽詰まって頼むので、姉はユタ嫌いの夫に隠れて本島中を一生懸命探し回ったという。いろんな人に会いながら情報を集めている時、「ユタではないが、家を見て難病の原因が分かる人がいる」と長嶺伊佐雄を紹介された。

「姉さんは、初めて親切な霊能力者に会ったって笑っていました。すごく話しやすいよって。で、話を聞いてみると、今までのユタの人たちとは違うし、とにかく島に来てもらったんです。そこで、私たちも風水っていうのあんまり知らなかったので、初めて方角がどうのという話を長嶺さんから聞いたんです」

長嶺は、台所や風呂場、トイレなどの水回りを建物の北西側に移動しなければならないと言った。それと、床の間の東側にある部屋を崩す必要があると言い、その理由を説明した。

今までに聞いたこともないような話だったが、これを直すと敏子さんは確実に良くなると断言する長嶺に、きょうだいは賭けてみることにした。年末の慌ただしい時期だったにもかかわらず業者に頼みこんで工事を依頼し、まず台所の移動から始めた。

母親の説教に、回復の兆しをみる

年が明けて、一月の半ば頃だっただろうか。水周りを移す工事が終わってしばらくたったある夜、長男が新年会で酒を飲んで遅く帰ってくると、母親の敏子さんが玄関まで出て来て説教を始めた。きょうだいにとってはそれが最初に気づいた良い兆候だった。そのときの様子を陽子さんがこう振り返る。

「『どこの馬の骨か。何時だと思っているのか。誰がお酒飲んで帰ってくるか』って怒鳴っているんですよ。会話もできないくらい元気のなかった母がですよ。それを聞いてね、家族はうれしいんですよ。あ、これだけ普通に説教するくらい元気になっているって。兄も怒られながらうれしいんですよ」

正月過ぎぐらいから、敏子さんは徐々に台所に立つようになっていた。前の場所にあったときには「この水は汚い」と言って触りもしなかったが、移してからは「この水は飲めるか

長濱さん宅　比較図

改築前

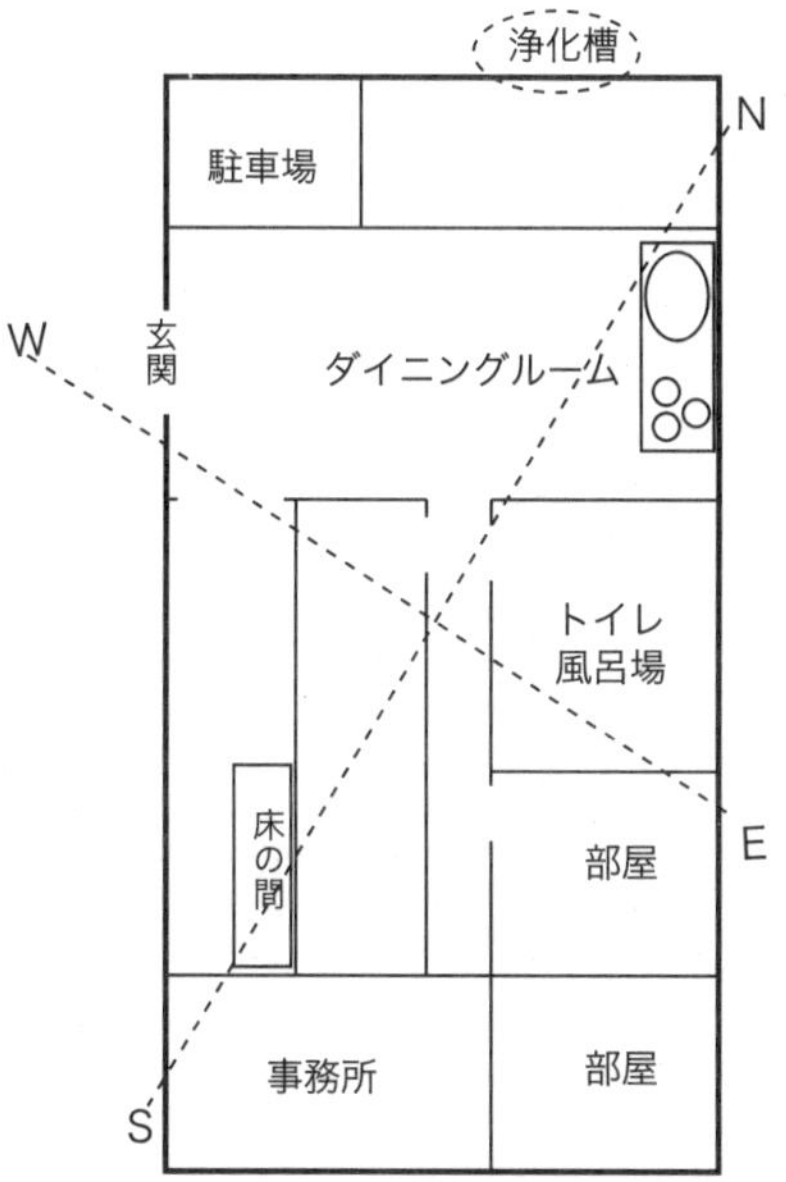

台所とお風呂場が問題。特に、家の中央には紫微鑾駕の神様が宿るので、その近くに水物があると、神様からの「知らせ」が強い

改築後

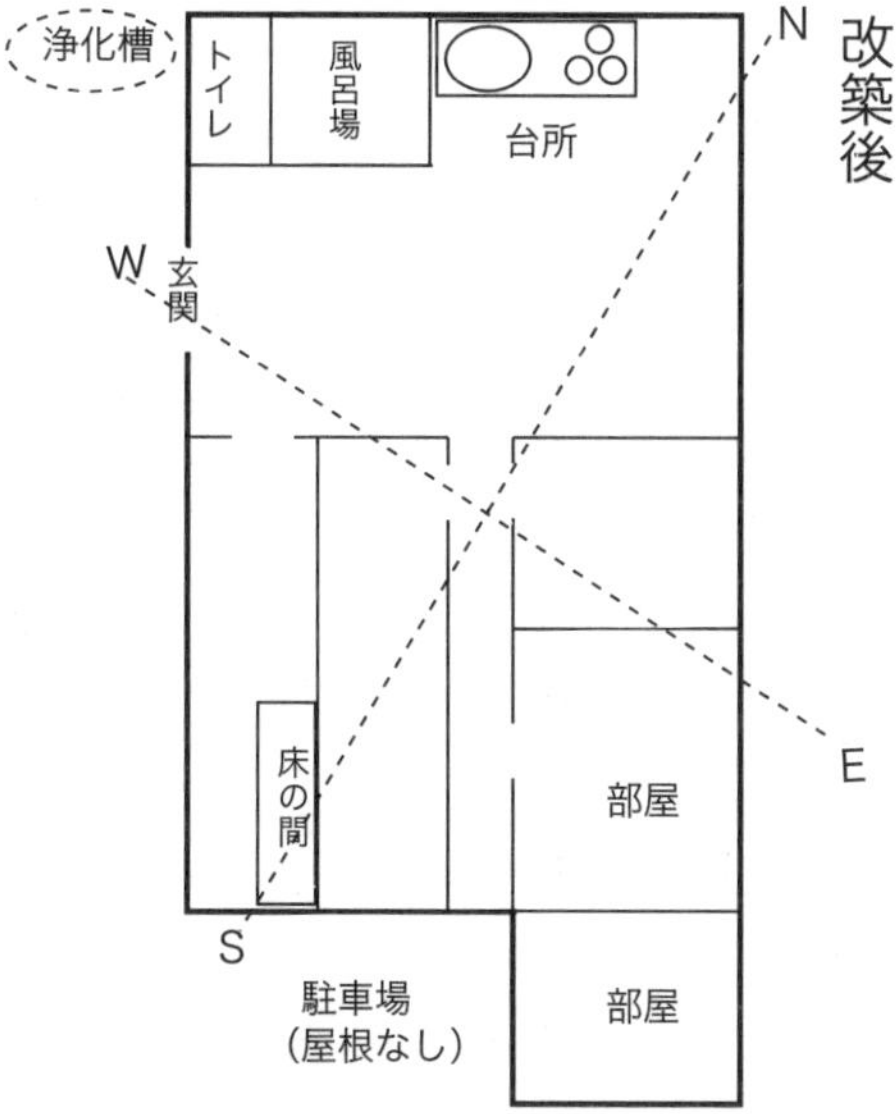

水物をすべて北西側に移動。現在、床の間を明るくするために、事務所の取り壊し工事を行っている

あ？」と不安げながらも蛇口をひねる。家族の誰かが流しの食器を指差して「洗ってね」と頼んだら、「いや」と言いながらも洗うようになった。

「声をかけたり、側で見たりしてやらなくなったら困るからって、最初はみんなで隠れて見てたんですよ（笑）。きょうだいがみんなで隠れて、小声で『おいおい、洗ってるよ』って。今では洗濯物とかもたたんでくれるんです。それと自分でお風呂も入るようになった。『この水は汚い』って言っていた頃はね、放っておくと一カ月も入らなかったんですよ。だから、無理矢理入れさせるっていう感じだったんです」

まだまだ元気な頃に戻り切ったとは言い難い。きついといってよく寝ているし、ときどき「この家は出て行かないといけない」とまだつぶやくこともある。しかし、良い変化が毎日の生活の端々に出ていると家族は感じている。その代表的な例が食事だ。

「ご飯食べるようになったんです。兄も、二、三日前に言っていたんですが、『最近よくご飯食べるようになったね。ご飯食べて少し太ってきたら元に戻るんじゃないか』って。ご飯もね、食べない食べないっては言うんですよ。だけど、お箸はご飯を触っているよって家族が言うと、母が笑うんです。久し振りのことです。母が笑うこと自体家族はうれしい。みんながそこで明るくなるんです」

また、最近敏子さんは散歩をするようになった。長男が庭に植物を植えるようになって花が増えてきたので、それを見るために外に出たのがきっかけだった。「私は百歳ぐらいになっている」と、最初は痩せてしわが目立つようになった自分の容姿を恥ずかしがり、外に出ることを躊躇していたが、それもあまり気にしなくなったようで、今では一人で近所を散歩するようになっている。

行動範囲は徐々に広がり、調子の良いときには「おばさんの家に行こうか」と陽子さんを誘うこともある。陽子さんが新しくできた海岸道路などへドライブに連れて行くと、「世の中変わっているねえ」と感想を漏らしたという。

「今まではね、外出するときは、引っ張って草履も履かせて、外に出したらカギかけて中に入れない状態にすると、仕方なく車に乗ったんですよ。それでも早く帰ろう早く帰ろうの繰り返し。家に帰れば『ここは自分の家じゃない。出ていけって言っている』と言いながら、本人は家から一歩も外に出られなかったんです。それから考えると、自分から散歩に出るなんて、本当に夢みたいな話なんですよ」

取材に訪ねた日、長濱家には親戚のおばさんが所用で宿泊していた。敏子さんは朝六時に起き出して、「今日の朝ご飯は何つくってあげる?」と陽子さんに尋ねたという。「湯豆腐」と答えると、「昨日も湯豆腐だったのになあ」と怒ったそうだ。他愛もないやりとりだが、ごく普通の会話が母親と交わせるようになったことが、今は家族の喜びなのだという。

徐々に元気になりつつある母親の敏子さんをやさしい表情で見守りながら、きょうだいは今、長嶺から指摘されている床の間の東側を壊す工事をいつから始められるか思案している。

「父親が補聴器を使っているものですから、できるだけ大きな音を出さないようにとか、期間を短くするためにどうすればいいか相談中です。弟は早くとりたいってあせっているんです。私たちも、床の間の向こうを直したら、母ももっと元気になるんじゃないかと期待していますね。あとはあそこだけだから、あそこを片付ければ、絶対ご飯も自分で炊いてくれるだろうって。長嶺さんに言われなければ台所もトイレも移動しませんよね。本当にユタを嫌がる私の兄もね、ユタは信じないけど、長嶺さんは信じるって言うんですよ。もちろん最初は半信半疑ですよ。だけど、長嶺さんの言うことを聞いて、本当に良かったって思っているのは兄だと思います。家を直して一番最初に説教されたのは兄だから。あの兄が『長嶺さん、長嶺さん』っていうから、家族も団結しています」

「この家から出れば、だんなさんも働くようになるよ」

一日中酒を飲んで、遊んでばかりの夫が真面目に

砂川千恵子さん(58)と幸喜昌代さん(55)は、互いに結婚しても絶えず行き来する仲の良い姉妹。姉の千恵子さんは、お祝いや行事などがあると率先して親戚中の台所を手伝い、「情が厚い」と年配の女性たちからも愛されている女性で、他のきょうだいたちにとってもいろんな面で頼りになる存在だ。

ところが、ここ一、二年は体調がどうも思わしくないようで、妹の昌代さんはそのことを絶えず気にしていた。

「どんなに自分がつらくても、もともと気丈夫な人だから人前では出さないんです。少しくらい気分が良くなくても頼まれると嫌とは言わないから、なんやかんやでみんなの世話を焼くんですよ。でも、一番歳の近い私から見ていると、姉さんはずっと体調も悪いし、それにだんなさんがあまり仕事もせず困っていたんです」

酒を飲み、仕事をしない人

千恵子さんはその頃、ひどい肩凝りと頭痛に悩まされていた。それに加え、夫が仕事に行かなくなり、金銭的にも苦労していた。外へ出て遊び歩くというわけでもない。ただ、ぶらぶらと一日を過ごし、どうしてそう変わってしまったのかは妻にさえ分からない。働かなくなった夫は毎日のように酒を飲み、飲まない日は好きな海へ出て漁《いざ》りに熱中した。

「肩凝りと頭痛といっても、病院で検査させたら自律神経に支障をきたしていると言われて、姉さんは一カ月くらい入院するほどひどかったんです。それなのにだんなさんはいつもお酒ばかり飲んだ」

話を聞いて心配した千恵子さんの父親がアパートを訪ねると、千恵子さんの夫は朝から日本酒を飲み、ゴロリと横になってテレビを見ていたという。怒りを抑えながら父親が「どうしたのか、今日も仕事は休みか」と聞くと、「はい」と返事をしてそっぽを向く。義父の説教には何の反応も示さなかった。

千恵子さんが退院して戻って来ても状況は変わらず、頭痛を我慢しながら、千恵子さんは家事や育児のすべてをやらなければならなかった。何よりもつらかったのは、ぐうたらな父親を見る子どもたちの目が変わったことだった。それを聞いた妹の昌代さんは、長嶺伊佐雄に相談を持ち込んだ。

「これも家相のせいではないかと思ったんです。姉さんたちはアパートに長い間住んでいて、その家は何かおかしかったんですよ。例えば、弟が赤ちゃんを連れて姉さんの家を訪ねると、すごく泣くんですよ。もう泣き止まない。小さな子どもは分かるっていうじゃないですか、何か霊的なものが。だから、長嶺さんに相談したんです」

以前、昌代さんは長嶺から家相の話を聞いて家を改築したことがある。夫が原因不明の病いを患い、ふらふらと立つこともできなくなっていたのが、家を改築して今では元気に働けるようになっているという。

「まずは私が家相を信じたものだから、自分たちがこう家を改築してこんなに変わったよという話をしたら、姉さんも『そんなことがあるの』って聞く気になったみたいです。他人にはあまり気づかれないようにしていたつもりだろうけど、病気も家での心労もそうとうなものだったと思いますよ。姉さん、かわいそうでした」

昌代さんは、長嶺を姉・千恵子さんの住むアパートへ直接連れていった。

「姉さんを見て、長嶺さんはひと言、『あぁ、あんたはつらいねぇ』って声を掛けたんです。すぐ肩凝りの話をして、私は前から長嶺さんを知っていたんですけど、なんで、この人はこんなことが分かるのかなあと不思議でしたよ。長嶺さんは、解決するにはこのアパートから出ないといけない、もっと家相が良い家に引っ越すだけで、肩凝りも治るし、だんなさんのお酒も止まる、ちゃんと働くようになるからって、姉さんに家の話を説明し始めました」

話を聞き終えた千恵子さんは、「実は、家を造ろうという計画はあったんです」と打ち明け、それがだめになった経緯を続けて語った。

「土地はあるので、夫には今まで何回も家を建てようという話はしているんです。だけど、夫は全然乗り気ではなくて、借金してまでは造らなくてもいいって言っていたんです。周りの親きょうだいが勧めても、『お前なんかが造れ、オレは造らんから』という感じ。変に意固地になるというか、自分が気に入らない話には、全然聞く耳を持たないんです。あまり言うとけんかになってしまうから、それからは家の話もあまりしなくなって」

側で聞いていた昌代さんは、長嶺が帰った後で千恵子さんの夫に直談判した。家相の悪い家に長く住んでいると医者にかかっても治らないような病気になるらしい。人の性格も変わるという。今の義兄さんたちのことではないか。長嶺という家相を見る人に聞いたら、このアパートは古い上に台所やトイレなどの水物が悪い位置にある……と教えられたことをすべて説明し、土地があるのだから家を造るようにと義兄に詰め寄った。

「お願いだからこれだけは聞いてちょうだいって、私はもう姉さんを治したい一心でお願いしたんですよ。その後、長嶺さんにも電話で義兄を説得してもらって」

昌代さんは親にも応援を頼んだ。家相の話を知らない親たちも、千恵子さん一家が家を造ることには大賛成だったので、身近な親戚たちが「やればできるよ」、「応援もするから」と励ました。すると、今までは何を言っても聞かなかった千恵子さんの夫も少しずつ耳を傾けるようになり、とうとう家を造ろうと宣言した。

「家相ってあるなあ」

それからの姉夫婦の変わりようは目を見張るものがあった、と昌代さんは言う。

「家を造るっていう計画を始めたときから、まずだんなさんが変わったんです。仕事をするようになって、性格的にもほがらかになってきた。そうなると、子どもたちも明るくなってくるんですよね」

千恵子さんの夫は、酒に浸っていた頃は親戚付き合いをすべて千恵子さんにまかせっきりにしていた。また、合わせる顔もなかったことだろう。しかし、家を造り始めてから少しずつ義理のきょうだいたちと話すことが増えてきた。新居が完成してからは周囲も驚くほど人付き合いが良くなり、甥っ子や姪っ子の新入学などのお祝いには電話を掛けたり、ときには親戚の家を自分から訪ねて一緒に酒を酌み交わすようにもなった。

しかし、肝心の千恵子さんの肩凝りや頭痛は、家を造ってしばらくしてもなかなか治らなかった。これは長嶺も気になっていたようだ。本人に電話をすれば、気づかって「だいぶ良くなった」としか言ってくれない。

妹の昌代さんによると、長嶺は何度も電話をして千恵子さんの体調はどうかと聞いてきたという。長嶺にしてみれば、家相の良い家に移ればきっと治るものだと確信していたからだ。

「それでまた姉さんに病院に行ってもらったら、どうやら首にヘルニアがあって、これが頭痛などの原因になっているのではないかというんです。検査をするので、また病院に通うようになりました。でも、体調は悪いながらも、家を造ってから姉さんはとっても明るいんですよ。私はそれだけでも救いだと思っています」

千恵子さんは、「自分は前よりも今が幸せ」と昌代さんに微笑んだという。新しい家では、千恵子さんが肩が凝っている様子を見せると、夫が揉んでくれる。それよりもきつい表情をしているときには、冷たいタオルに浸して肩や頭に当ててくれることもある。

夫婦の仲睦まじさは子どもたちにもちゃんと伝わり、家族中が仲良くなった。そんな話を千恵子さんは妹に打ち明けている。子どもたちの表情が明るくなったことが何よりもうれしそうだったと昌代さんは言う。

砂川さん宅　比較図

引っ越し前

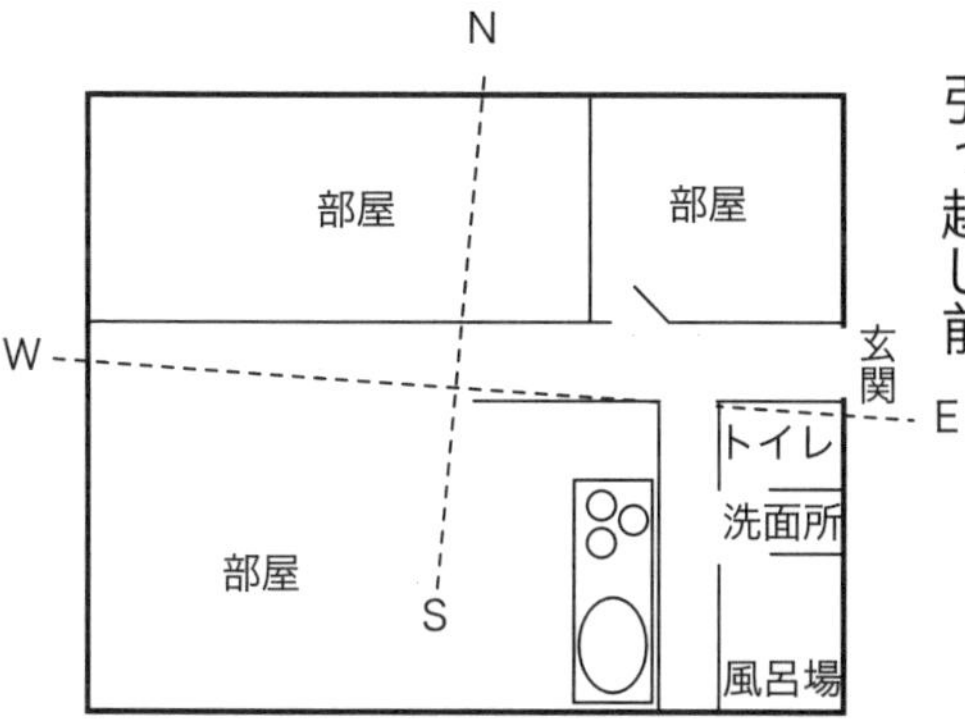

すべての水物が南東側に集まっていることが問題

新築住宅

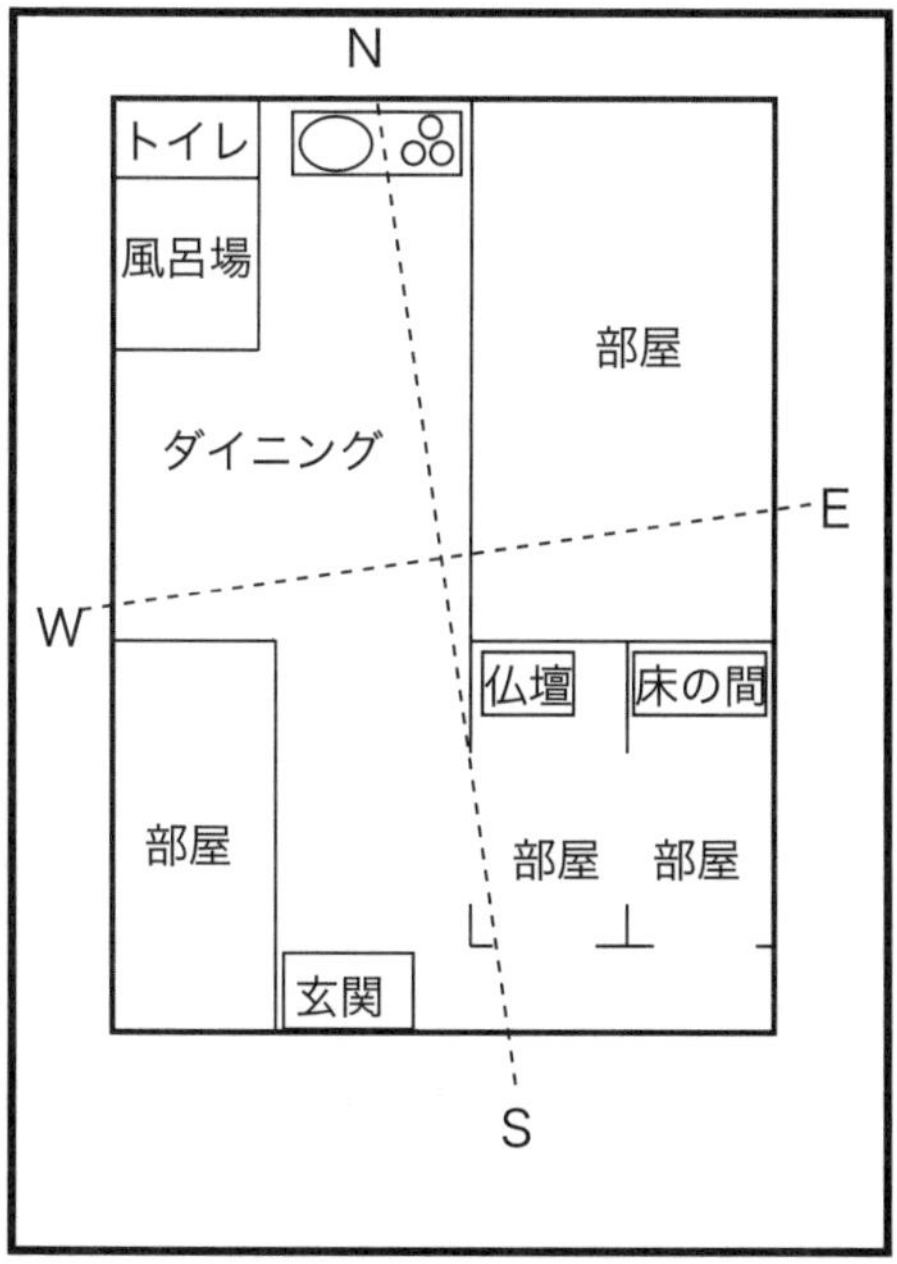

水物をすべて北西側に移動。床の間を南向きにつくった

「そんな姉夫婦を見て、みんなで、『家相ってあるなあ』ってこの間も話したんですよ。そしたら、父が『昔からね、家は南に向かわせて、台所は北に造る。昔は家相とは言わんけど、そんなのは確かにあったよ。あれが基本だったよ』と、得意そうに言うんです。じゃあ、なんで教えなかったのと聞くと、口ごもるんですけど(笑)」

千恵子さん夫婦が家を建てて約半年。妹の昌代さんからは長嶺にときどき電話が掛かってくる。その中で何よりも長嶺を喜ばせたのは、「姉の頭痛も肩凝りも今ではすっかりなくなりました。首のヘルニアという話もどこに行ったのか、もうすっかり良くなっているようです」というものだった。

「この人は病気じゃない。家が悪すぎるんです」

娘の心の病いは、引っ越した途端に治った

「娘が精神的に不安定になったのは、高校を卒業した彼女が事務の仕事を始めて半年くらいたった頃です。ある日突然、周りの何かにおびえるようになったんです。何にかは分かりません。ただ、おびえているんです」と、宜野湾市に住む具志堅初美(58)さんは、四年前に家族を悩ませた不可解な出来事を語り始めた。

何もできなくなっていく娘

娘の裕子さんは少し控えめすぎるきらいはあるが、普通の女の子と何ら変わらない高校生活を送った。就職してからも、職場の先輩や同僚たちとよく遊びに出掛けるなど、人間関係にトラブルがある様子はなかったという。逆に、裕子さんの職場の楽しい話題が夜の食卓を賑わす

ことが多かった。

そんなごく普通の幸せな家庭が、ある日を境に一変した。初美さんは言う。

「最初はね、何かつまらないことでもあって、ただふさぎ込んでいるだけだと思ったんです。娘は就職したのも初めての経験だし、いろいろ悩みの多い年頃でもありますから」

ところが、どうも様子がおかしい。何かを怖れているように部屋の片隅で体をぶるぶる震えさせる。そうかと思うと部屋の中を歩き回って、全然落ち着かない。どうしたのかと尋ねても言葉を返さない。その日から食事も睡眠もほとんど取らなくなった。

「眠れないらしく夜中ずっと起きているんです。私も心配だから一緒に、彼女が起きている間は起きている。ひどい時にはもう、おびえて身体をがたがた震わせるんです。だから抑えてあげないといけない。身体が震え出すと抱きしめてあげるしかできない。そんなことがたびたびでした。いつ寝てくれるか分からないから布団も敷きっぱなしです。それから、食事のときには『スープだけでも飲みなさい』と勧めるんですが、スプーンが口元から進まない。私がじれったいから飲ませようとしてもだめなんです。『食べたくない』とか『入らない』とか、普通は言うじゃないですか。でも、話せない。ときには本人が少し普通の状態に戻るんですが、だからといって普通に食べるかというとそうじゃないんです。三日間まったく食べなかったり、食べるときには普通の大人の量の半分以下、それも一日に一食だけとか。三食とも品を変えてつくるんだけど、本当に食べてくれない」

こんな状態では到底働けない。初美さんは娘の職場へ電話を入れた。「しばらく休みをとってまた復帰したら……」という優しい言葉をもらったが、いつも一緒にいる母親の目から見るとすぐには治りそうもない。やむを得ず退職の手続きをとった。初美さん自身も会社に長期休暇を申し出た。

「外にも出たがらないんです。私は彼女を一人で家に置くのは心配だったもんですから、買い物行くにしても、一緒に行く？　って声をかけるんですけど、なかなか行くといってくれない。ですから、もう買い物にも簡単には出られなくなってしまって」

それでも、一度だけ「どこかへ行きたい」とはっきり言葉に出して母親に申し出たことがあった。気持ちの変化を喜んだ初美さんは、「じゃあ、海にでも行こう」と裕子さんを車に乗せたのだが、運転している最中に今度は「行きたくない」と叫んで裕子さんがハンドルにしがみついてしまった。危ないから止めるように諭しても離さない。結局そのまま家へ戻らざるを得なかった。

それからというもの、裕子さんの外出は自ら玄関のドアを開けて二、三歩外へ歩き出すだけ。不安げに、まるで何かが見えるかのように空をぐるぐる見渡している。すっかり変わってしまった娘の後ろ姿を見守りながら、「この子はちょっとおかしい」と初美さんは胸を痛めた。

「ご飯が食べられないよ、お母さん」

高校の同級生も裕子さんのことを心配してくれた。あるとき、「電話したらおかしいよ。いつもと違う」と友達同士で連絡を取り合ったようで、四、五人そろって遊びに来たことがあった。高校時代の楽しい思い出を話したり、元気を出してと励ましたり、いろいろと話しかけるのだが、裕子さんは無表情で聞いている様子もない。だれの言葉にも応じず、自分からはひと言も話さない。初美さんは「みんなが来てくれたんだから、一緒に遊びに行きなさい」と、なんとか娘を外に連れ出して気分転換させようとした。

「友達が来てもおびえていて、普通の友達に対する感じじゃないですよ。みんな一生懸命話し掛けてくれて、ドライブにも誘ってくれましたが、家から連れ出すのが大変でした。お友達は車の中でもいろいろ話し掛けてくれたようですが、帰ってきても娘の表情は全然変わりません。このままだとどうなるんだろうと、怖かったです」

裕子さんの状態をよく知らない周囲の人間は、「甘やかしすぎじゃないか」とも言った。初美さんはそんな言葉にも傷ついた。甘やかしてあいうふうになるなんて考えられない。食事はとらない、寝ない。本当に大丈夫なの、倒れちゃうんじゃないのか、親はそればかりを心配しているというのに。

「本人の顔から笑いが完全に消えました。もともと無口ではあったんですが、前はいつもにこやかな顔をしていたんです。もう自分一人ではどうすることもできなくて、ユタの家にも連れて行ったんですよ。向こうへ行って一晩泊まったこともありました。もう怖くてどうなるか分からなくて、自分一人で見ているのが不安でしたから。だけど、ユタでもどうすることもできなかったです。別のユタの家にも行ったんですけど、どこでも「魂込め《まぶいぐみ》」しかしないし（沖縄の昔の習わしでは、人が突然無気力になったり呆然として心ここにあらずという状態になったりすると魂が落ちたと判断し、魂を込める儀式を行う）。あるときなんか、ユタの家からの帰り、娘がもうぶるぶる震えて、足がもつれて歩けないくらいなんですよ。本人もとても嫌がるので、ユタでもだめだなって行かなくなりました」

母娘二人だけのつらい生活は約半年続いた。食事も睡眠もほとんどとらず、絶えず何かにおびえていた娘の裕子さんだが、ごくまれに、普通の精神状態に戻ることもあった。そんなとき、裕子さんは「どうしてなのかなあ、食事が全然食べられないよ、お母さん」と初美さんに話し掛けてきた。

「ご飯を出されたときは、お母さんの言うことはちゃんと聞いているよ。食べなさいとかお母さんいろいろ言っているけれど、実際に食べようとしたら口から先に行かないんだ。だから、お母さんが言っていることはちゃんと分かる。分かっているけれど、そういう状態の時は、何もしないで。食べられないんだから。そういうときは、思っていることも言葉にならない」と悲しそうに訴えたという。

娘はおかしくなっているのではない。意識はあるのだが言葉に反応することができず、なぜか食べることも寝ることも、話すことさえ難しくなっているのだ。

それを知った初美さんは、娘が普通に話せるうちにその原因を探ろうとした。しかし、裕子さん自身も「なんであんな症状になるのか自分ではよく分からない」と首を傾げる。二人でいろいろと話し合ってはみたものの何も手がかりを見つけることができず、そのうち裕子さんはまた無表情になり、口を閉ざした。

「そうなると、そばにいても彼女の気持ちが本当に理解できないんです。何に、何を怖がっているんだろうってくらいおびえて。薬草とかを飲まそうとすると、それさえも『何かな』と怖がって飲まない。よく身体を壊さなかったと思いますよ。まず寝られないっていうのが一番大変でした。よく倒れなかった。あれ以上続いたらどうなっていたことか。半年間、本当によく身体が持ったなと思います。信じられないくらいです」

越したその日に食事を普通に食べ始めた

裕子さんが治るきっかけをつくったのは、初美さんの同郷の友人だった。用があって外出した時に、偶然出会ったのだ。十数年ぶりの再会で、今度コーヒーでも飲もうと約束して別れたのだが、裕子さんの具合が悪くなっていたため、初美さんはその約束の日を忘れていた。友人が電話でどうしたのと尋ねてきた時、「実は娘が……」と打ち明けると、長嶺伊佐雄という家相を見る人がいるという話が出た。家相の話は聞いたことがなかったので、一度は会ってみようと初美さんは長嶺を自宅に招いた。

「いつもは人見知りをするんですが、長嶺さん来たときには娘も別に抵抗はしなかったですね。（注：長嶺は『お母さんの腰をずっとつかまえて、おびえているように見えた』と記憶している）

長嶺さんは、娘と家の様子を見て、すぐに『ここはだめだ』って言ったんです」

具志堅さん親子が住んでいた家は築三十年以上の古い建物で、借りて二年目になろうとしていた。一つの敷地内には同じような住宅が四棟並んでおり、具志堅さんの家は一番南側になる。その南西側には下水溝があるが、そこから水がしみ出しているのか、周辺の土地が絶えず汚泥のように湿っており、とても汚れていることが一番悪いと長嶺は指摘した。それ以外にも、家の水回りの位置が悪いと説明した。

「初めて聞く話だったんですが、そういえばここに住み始めてから娘が頭が痛いと言い出したり、最後の半年間はこんな状態ですから。また、私たちの家の隣も、だんなさんがそういう症状だったそうです。まったく仕事もできなくてたいへんだったと聞きました。長嶺さんが娘を見て言うには、『この人は病気じゃない。この家は悪い所にありますから、引っ越ししたら良くなりますよ』って。それで私、すぐお家探ししたんですよ」

長嶺の言う水回りの位置が良くて明るい部屋、できるだけ築年数が若い建物というのはなかなか見つからない。何カ所か探して、完璧ではないが長嶺の言う条件に近い物件を見つけ、すぐに引っ越した。

「で、引っ越ししたら、娘にすぐ変化が出たんです。まず気が付いたのは、来てすぐ娘が食事をとったということ。今までまったく食べなかったのが、来て普通に食べたんです。あれにはびっくりしました。普通の量を食べたんですよ、引っ越したすぐその日、その日の夜からですよ。そして、その日はすぐ寝たんです。あれだけは信じられない。食事がとれ、眠ることができるようになったから、これは大丈夫だって思いました」

具志堅さん親子が引っ越した直後、そのアパートへ長嶺が訪ねてきた。それまで人を避けて自分を閉ざしてしまっていた裕子さんは、他人に自分から話し掛けることもなかったのだが、

具志堅さん宅　比較図

引っ越し前

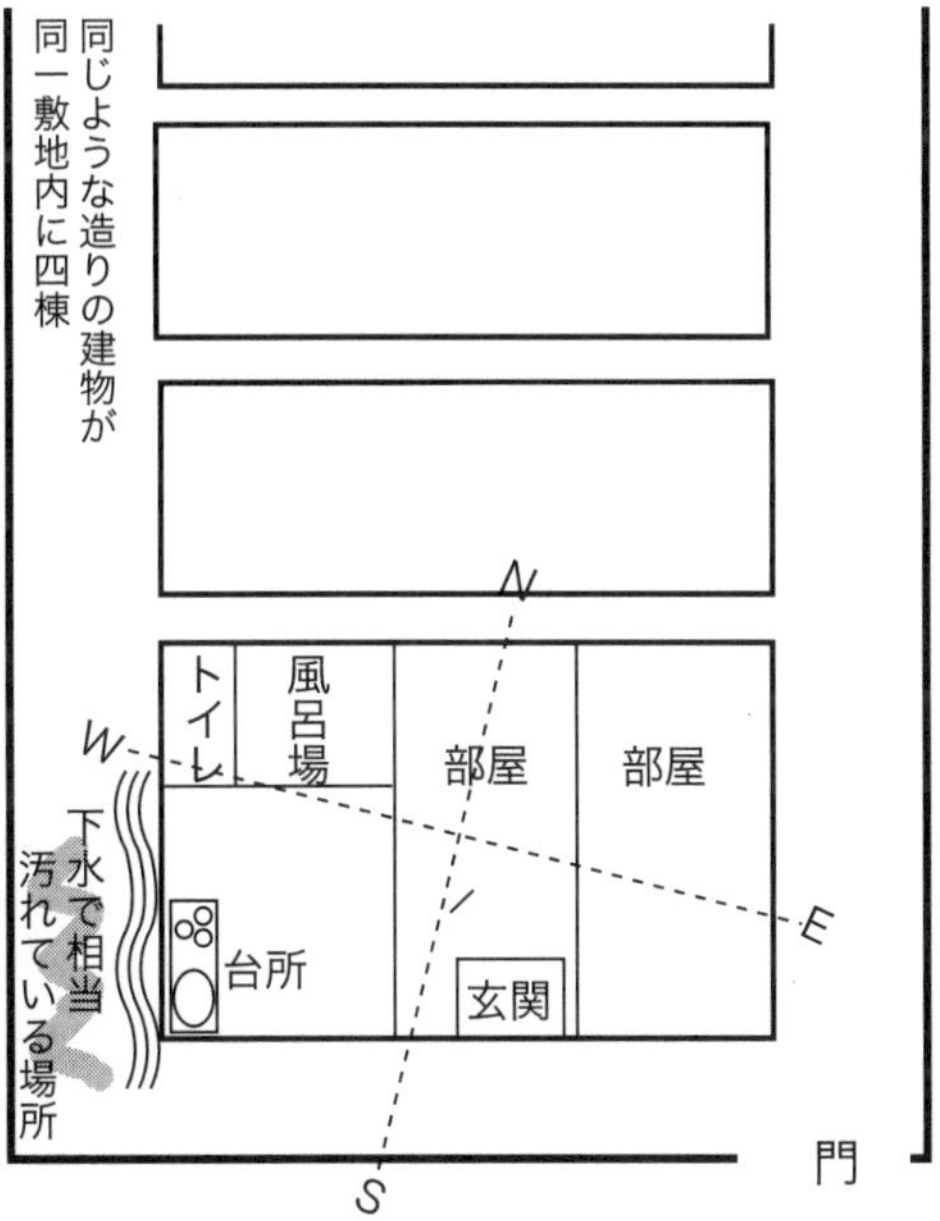

一つの敷地内に複数の建物があることも問題だが、一番悪かったのは、具志堅さんの家の西側が、汚水でかなり汚れていたこと

引っ越し後

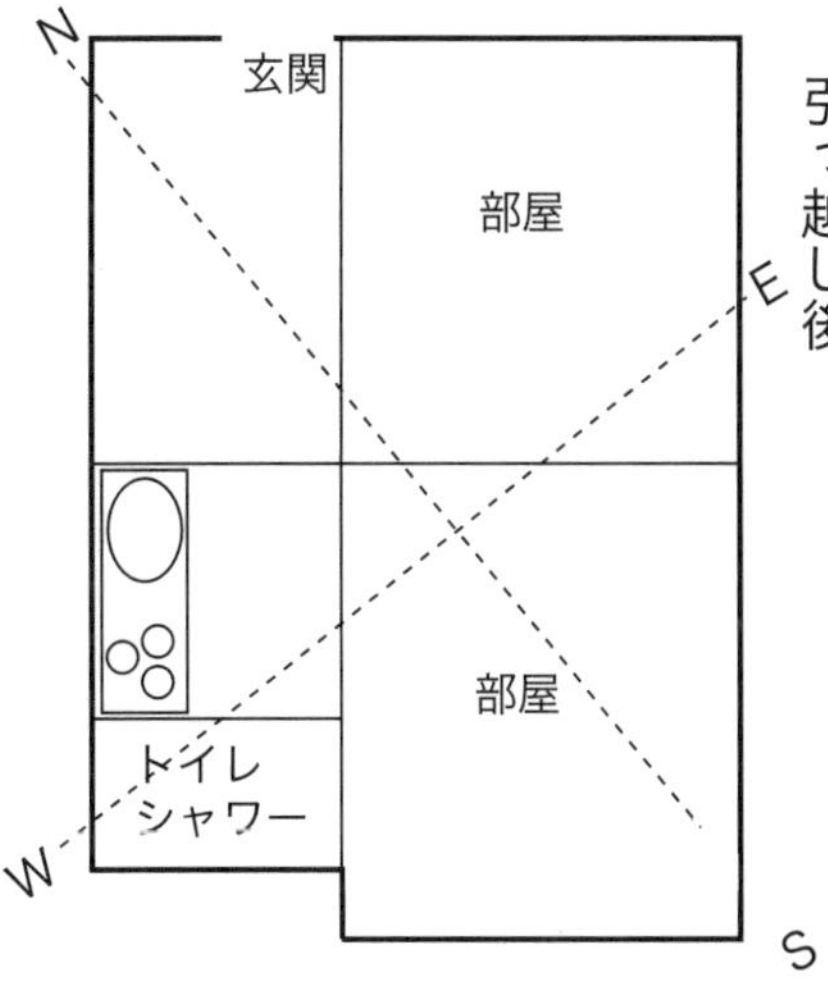

引っ越した家はアパートだが、一番東側の部屋で明るい。水物もだいたい良い位置だが、トイレや風呂場が南側に寄っているので、まだ問題がある

長嶺が入ってくるなり、「コーラが良いですか、コーヒーが良いですか」と尋ねた。これも初美さんを喜ばせた。

「あれからは食事を食べないということもない。何かにおびえることもない。まったく普通に戻りました。もう一番の心配事が、引っ越ししてすぐ解決したんです。ただ、性格的におっとりしているので、少し活発になってくれればうれしいんですけど。そういうものは治らないですね（笑）」

徐々に元気を取り戻した裕子さんは、「仕事探さなきゃ」と母親に相談もするようになった。それからしばらくしてすぐ仕事も始めたという。その後、医療関係の専門学校に通い始め、卒業した今は病院で働いている。

「引っ越ししたら治るなんて、本当はね、半信半疑だったんです。それが、すぐその日から変わったもんだから信じられなくて。本当に住む家っていうのは大事なんだなと思います。娘は『一人で住んでみようかな』とも言うんですが、ここに来てから自分が良くなったというのは分かりますから、なかなか出る決心がつかないみたいですよ。良い所に住まないといけないっていうのがあるから」

そんな話を聞きながら、長嶺は複雑な顔をして初美さんに言った。

「この家も、前の住宅と比べればまだ良いけど、決して完璧に良いというわけではないですよ。その土地に無礼になっている造り方の建物が古くなれば、それだけ人に対する知らせも強くなる。この部屋は光もよく入ってくるし、今すぐ何かが起きるということはないはずだけど、いつも家族をよく見ていて、何か不自然なことがあったら、そのときはまた考えてください」

「この家は、土地の神様を汚しているんだよ」

井戸を埋めたら娘の喘息が治った

東風平町に住む真境名祥子さん(35)の実家には、直系の先祖の仏壇の他に「養子元祖《ぐゎんす》」と言われるもう一つの仏壇がある。

嫡子がいないなどの理由で先祖代々の仏壇の継承がままならなくなったとき、沖縄では親族の一人がその家に養子入りする形を取って世継ぎの途絶えた家の位牌を守る習慣がある。真境名さん宅では祖父が別の家の仏壇を継ぐ役目を担っていたのだ。

「先祖崇拝はどこでもやっていることだけど、うちは普通の家にはない『養子元祖』があって事情が複雑なので、ユタの家に判断を買いに行くことも何かとよくあったんですよ。幼い頃からそういうのを見ているので、まあ、宗教まではいかなくても、信じてはいるんですね、ユタの人たちが言っていた神様的な存在は」

家族に悪いことばかりが起る

そんな信仰心の厚い真境名家のユタ通いがさらに頻繁になったのは、今から十五年ほど前。一家の大黒柱である父親がリウマチになってからだ。当時の父親の苦しみ方は、側で見ていられないほどだったと祥子さんは言う。

「ものすごい痛みがあるようでした。本人は病院で『あんたの病気は一生治らない』って医者からさじを投げられたといって、それからやけくそになって家族にもあたり散らすんです。いろんな物を投げつけたりした」

祖父がユタの家に行くと、「養子元祖があるから。これを元の所に戻さないといけない」という判断が出る。しかし一方では、「これがあるから、この家は繁昌してきた」という逆の声もあがる。何カ所も通ったが、結局何をしていいのか結論は出ず、「沖縄で一番強いユタを連れてこないといけないなあ」と祥子さんはいつもため息をついていた。

一番の働き手であった父親が倒れたため、生活は苦しくなる。家族の雰囲気もどんどん暗くなっていった。六人きょうだいの一番上である祥子さんは、昼も夜も働いて家計を支え、明るさを失った弟たちを励まし続けた。

「でも、何も身にならないんです。家中がしょっちゅうけんか。高校生だった弟は学校も行かなくなるし、家からは出るんだけど、学校行かないで他の所歩いて。で、学校行ったみたいにして帰ってくるんですよ。親はそんなこと知らないので、『道から歩いていたよー』って知り合いに注意されたりして分かったんです。そういうことがあって一年留年したらまた落ち込んで、学校行かないとかも言っていたんですけど、もう家族は心配ですよね。お金はないんですけど、家庭教師つけたりして何とか頑張らせたんですよ。またその下の弟は自分で宗教の本買ってきたり数珠持ってきて拝んだり、もう精神病院にも一人で行ってカウンセリングを受けていたみたい。私は『もうこんな拝みごとに頼らないで、自分の精神力の問題だから頑張ってごらん』って励ましていたんですけど、夜も眠れないからと精神安定剤も飲んでいたみたいです」

それから何年かたち、きょうだいが大人になって働き始めたので金銭的な不安はなくなったが、家族の不和は相変わらず続いた。「普通大人になったらけんかはしなくなりそうなのに」、きょうだいの間ではささいなことが大げんかにつながる。

「結局何もうまくいかないっていうかんじ。長男は仕事もちゃんとできないときとかあるらしくて、自分で何考えているか分からないってイライラするというし、結婚した女姉妹はみんな離婚するし。本当に何か落ち着かないんです、家庭的に。また、下の弟は自分の部屋では眠れないって言って、どんどん戸を叩いたり、親の部屋に来て、二十歳も過ぎて二十二、三になる男がですよ、母親の所に来て、『あっちでは眠れないから、ここで寝かせてね』って。何かがおかしかったんです、うちは」

祥子さんが小学生の頃、家ではヤギを飼っていた。弟の部屋はその小屋を潰して建て増しした部分なので、ヤギの霊が何か関係あるのかとも考えた。

「ヤギって涙流すんですよ、売られていくとき。だから私は、ヤギのあれがあるかもしれないからって、自分で水供えて花置いてウートートゥした（手を合わせた）こともあるんです。けど、何も変わらなかった」

父親のリウマチは進行が止まり、痛みだけはなくなったものの車椅子での生活を余儀なくされた。悪いことばかり続くので、何かあるたびにユタに通っていたと祥子さんは言う。

「何軒も通って判断を買いました。言い分はちょっとずつ違っていて、そのときはそうかなあとも思うんだけど、結局どのユタも最後には『拝みをしなさい』なんですよね。そういう仏壇ごとしか出てこない。でも、拝みなら何度もやりました。それでは今まで解決できなかったんです」

すべては屋敷の汚れが原因だった

そんなある日、家を建て替えようという話が出た。ある住宅建築業者から出た長嶺伊佐雄の話に興味を持ち、一回は行ってみようかと祥子さんは軽い気持ちで小禄へ車を走らせた。

長嶺に実家の見取り図を見せると、まず「この部屋は昔の豚小屋、家畜小屋だった所に部屋を造っている。この下には昔の便所などもあったでしょう。それをきれいにしないで部屋は造れない。それは土地の神様を汚しているんだよ」と言われた。また、屋敷内に井戸もあったのだが、これも埋めないといけないと指摘された。

「私、家相っていうのは家の向きや仏壇の場所とか、そういうのしか考えてなかったんですね。土地にも神様がいる、家にも神様がいるっていうのは初めて聞く話だったんです。一生懸命ウートートゥするのは仏壇だけ、つまり祖先崇拝だけしか知らなくて、それが一番大事だと思って一生懸命やってはいたんだけど、ここで話を何回も聞くうちに、土地の神様、火の神様とか家の神様っていうのと仏壇にいる仏様っていうのはまったく違うもんだっていうのがだんだん分かってきたんです」

そういう祥子さんも、井戸を埋めるという話には抵抗を感じた。沖縄の人たちは昔から井戸を大切にしてきたと聞いている。埋めれば罰が当たるという話もある。

真境名さん宅　比較図

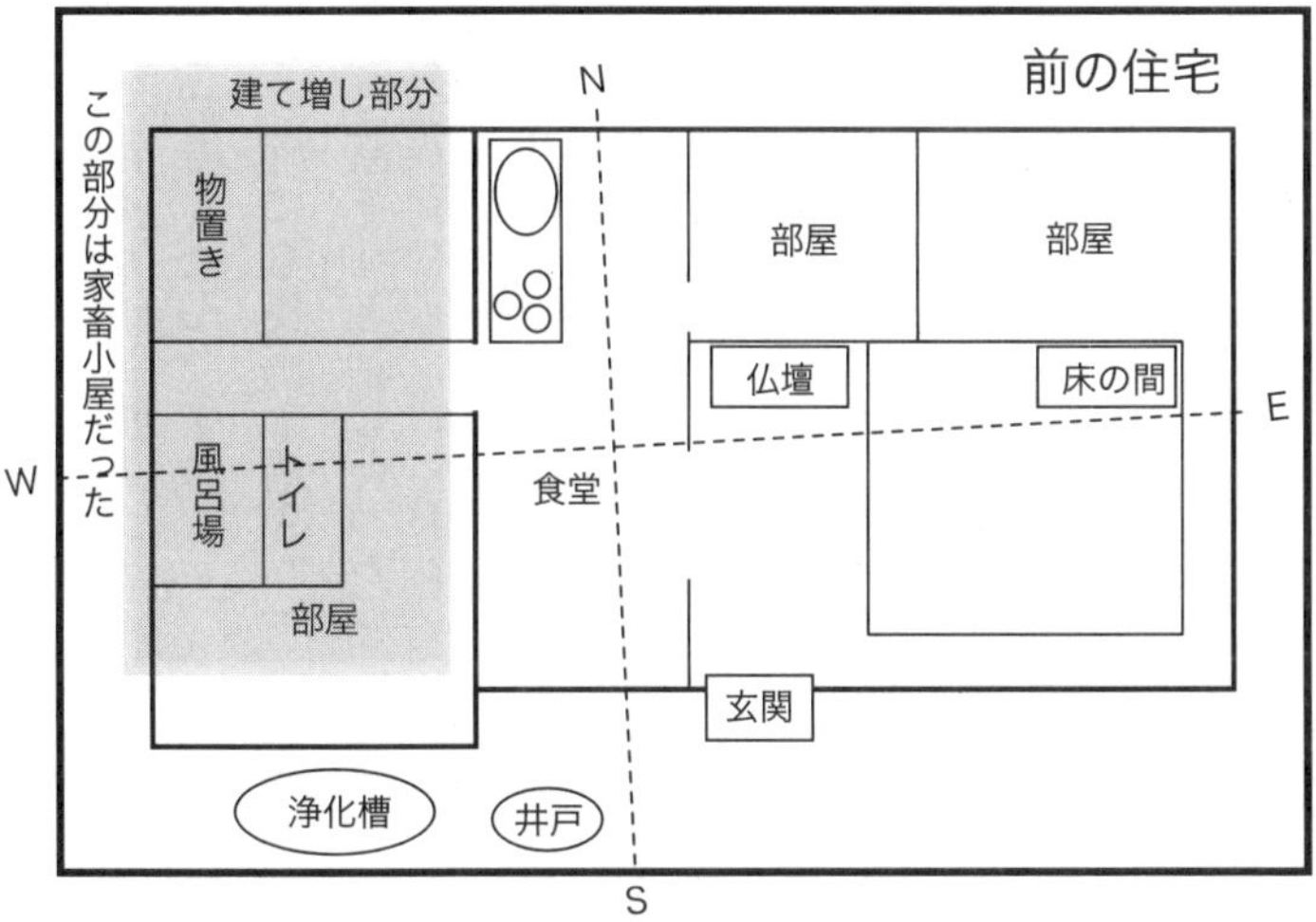

家畜小屋を埋めた上に家を増築したことが家族にとって最悪だった。井戸や浄化槽が南側にあるのも悪い。新築中の家は、地下の汚物を全部取り除いた後に、水物を北西にまとめて造っている

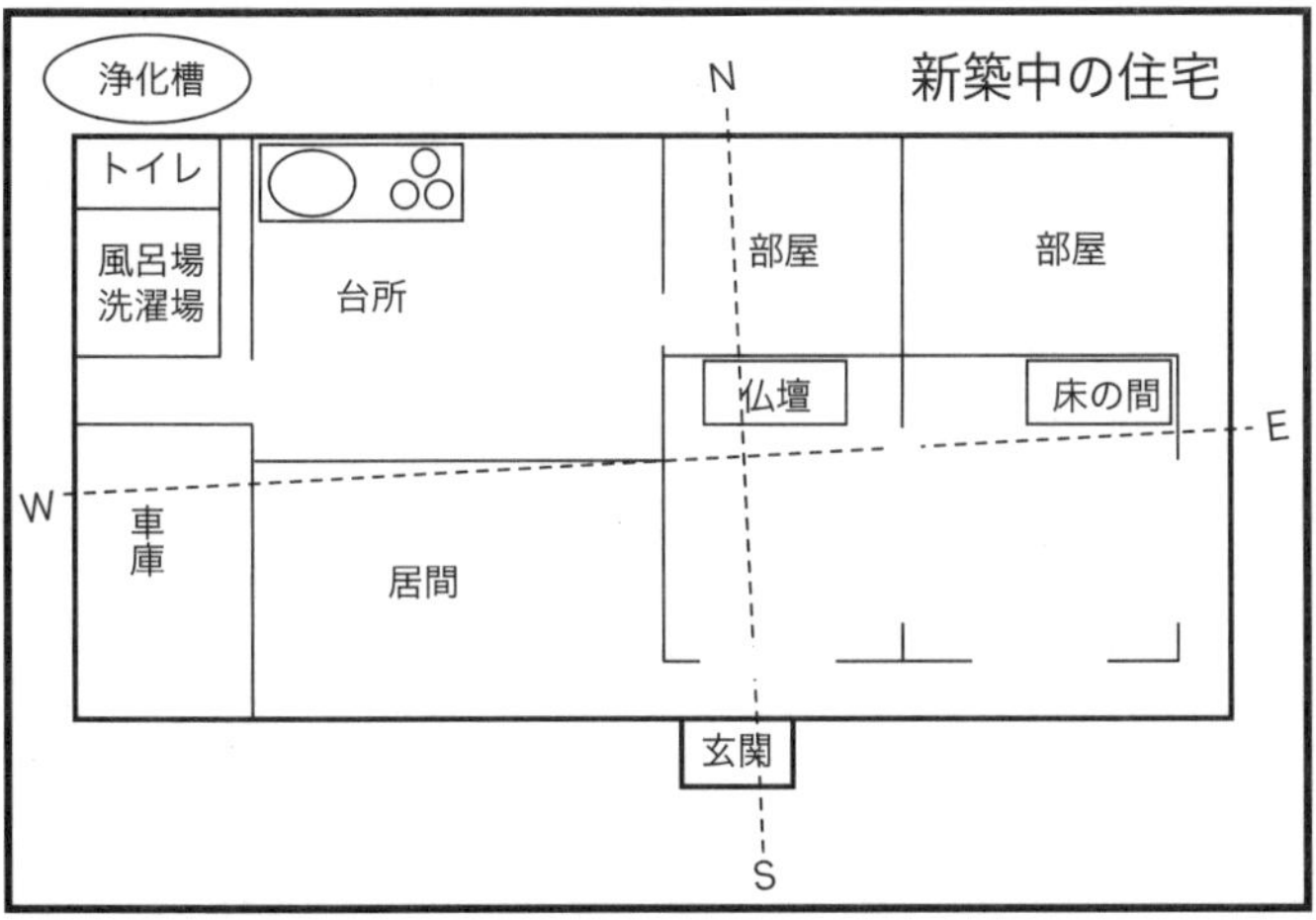

「でも、長嶺さんから『人間が使うために掘った井戸は、もともとはなかったもの。だから、きれいに埋め戻せば問題はない』っていう話を聞いて、土地の神様に清めて返すということなんだと納得したんですね」

他の家族にも長嶺を紹介し、汚したものがあるのだったらきれいにし、長嶺の言うとおりに家を造り直そうと話し合ったという。

住宅を新築するには時間がかかるので、まず井戸から埋めることが決まった。その前にまず掃除をと井戸を浚《さら》ってみて、祥子さんはその汚さに驚いた。

「もう、鎌とか私たちが子供の頃に投げ込んでいたコーラの瓶とかたくさんで、こんな汚くした井戸に私たちウートートゥしていたんだねえと恥ずかしくなりました。かえって失礼なことをしていたのかと思いましたよ」

きちんと掃除をしたあと、きれいな砂で井戸を埋め戻した。その影響は、幼い頃小児喘息を患っていた祥子さんの妹にすぐに現れた。

「小児喘息って大人になって再発することもあるみたいですね。妹の咳も一年くらい前からぶり返して、だんだんきつくなっていたみたいなんです。ちょうど、長嶺さんの所に相談に来て井戸の話をしたときからは、そうとうきつかったみたい。本人には全然井戸の話もしていないんですよ。でも、脈も人の倍上がって、病院に行ったらすぐ入院。井戸を埋めたその日に夜にはとってもひどくなって、ICU（集中治療室）に入って大変だったんですよ」

長嶺から聞いた話とは逆に、井戸を埋めて妹の症状はこれまでになく悪化している。一般病棟からも隔離されるほどの妹の病状を見て、井戸を埋めて本当に良かったのかと家族は不安になる。

「長嶺さんの返事は、『おできを潰《つぶ》すときにはとても痛いですよね。だけど、その痛みを越えたらすぐに良くなる。それと同じで、病気をしている人は最初は強く当たってとても苦しい思いをすることもあるけど、そのあとは取って捨てたように良くなりますから』なんです」

その言葉を信じて約二時間後、妹の症状も少しずつ落ち着いてきた。その後二日ほど集中治療室に残ったものの、一般病棟に移ると二週間を待たずに退院の許可が出た。家族はほっと一安心したものの、急に悪くなったりすぐ帰されたりするものだから、妹はかえって不安な様子だったという。

「病気で被害妄想気味になっていた妹は『とっても重い病気なのかなあ。お医者さんもみんなも自分には何も言わない。何か隠しているでしょう』って言っていたんです。だけどだんだん良くなってきたんで、しばらくしたら『喘息じゃないみたい。もう薬も飲まなくていいかなあ』って言うようになったんです。咳が出ないなら飲む必要もないさあと私は笑ったんですけどね」

もう一人、咳の症状がなくなった家族がいる。祥子さんの母親だ。

「うちの母は十年くらい咳していたんですよ、空咳。病気の咳ではないみたいけれど、もうノドが痒《かゆ》いってマフラー巻いたりして、年中空咳していたんです。この十年くらい続いていた咳が、井戸埋めて二、三日したら止まったんです」

その後数カ月たっているが、妹の喘息も母親の咳もぶり返すことはない。そして、実はもっと不思議なことがあったと祥子さんは言葉を続けた。

「井戸埋める話をしていたときに、長嶺さんが『井戸埋める日の前後三日のうちに、誰かがケガするよ、転ぶよ、気をつけなさい。お母さん、長男、次女のうちの一人か二人はつまづくよ、または気分を悪くするよ』って言われていたんです。そしたら、井戸を埋める前日に母親が井戸の前で転んで、骨折まではいかなかったんですけど、強く挫《くじ》いたんですよ。それで病院に二週間ほど通ったし、妹は妹で喘息を悪化させて集中治療室ですから、なんでこんなことが分かるのか不思議ですよね」

父親の慢性的な腹痛もなくなる

今、祥子さんの実家では家を崩し、家畜小屋やかつてのトイレだった部分の汚れた土をきれいに取り除いて、新居の建築を進めている。両親やきょうだいは一軒家を借りての仮住まい中なのだが、祥子さんの目には少しずつ良い変化が見られるという。

「家を崩し始めて、長男が少し変わってきましたね。今までは右から聴いて左から逃がす、豆腐に釘っていう感じだったんです。自分の意見はないし、何でも『うん、うん』と返事はするけど聞いているか分からない。言われたことを実行する様子もない。でも、家を崩し始めてからやる気が出てきたみたい。あれもやろうこれもやろうと言っているんです。女きょうだいは家から出ていくから、この家は長男がしっかりしないといけないよって前から言っていたんですけど、本当に長男がリーダーシップを取るようになって、これからは徐々に良くなっていくだろうと思うんですよ」

父親の健康状態も、以前と比べるとだいぶ良いという。

「前の家にいたとき、父は全然眠れなくて、小さな物音でも起きてくるし、よく『今日も寝られなかった』って言っていたんです。昔の家畜小屋の上に造った部屋だったもんですから。けど、今の仮の屋敷に移ってからはずっと眠っているって。熟睡。そしてね、しょっちゅう胃が痛いって言うので病院連れていって、本当に救急病院にまで連れて行くくらい頻繁にお腹が痛いと言っていたのに、引っ越してからは何も言わないんですよ。私たちも、ああ熟睡できるんだったら少しずつ元気になるかなあって期待しているんです」

「家の東側に井戸があると、子どもに恵まれない」

井戸を埋めて結婚の遅かった息子に良縁が

新垣忠夫さん(75)は、石垣市の郊外で妻のトミさん(72)とともに雑貨店を営んでいる。商売はまずまず順調、五人の子どもたちがそれぞれ働くようになってからはゆとりも出て生活に何一つ不自由はない。時間が空けば二人そろって孫たちの顔を見に出かけるというこの幸せそうな老夫婦の唯一の気掛かりは、四十を目前にした息子にまだ結婚の気配がないことだった。

他の子どもたちはみな独立し、家に住むのは夫婦と息子の三人だけ。家を建ててあげれば嫁も来るのではないかと、忠夫さんは数年前、屋敷の空いている土地にコンクリート建ての住宅を新築して息子を住まわせた。しかし期待とは裏腹に、息子の口から結婚の話が出る気配は一向にない。それだけではなく、見ていると仕事にも身が入らないようだ。

ふだんは気にしていないふうを装っている忠夫さんだが、そんな息子を見兼ねて、「結婚はいつするのか」と世話を焼いてしまうこともあった。根が真面目な息子は「これは縁のものだから」と悲しそうな表情を浮かべ、それ以上は何も言わずに部屋へ戻っていく。その後ろ姿を見送りながら、余計な口出しをしたと忠夫さんは後悔するのだった。

本人には気づかれないように、忠夫さんは嫁いでいった一番上の娘の家を訪ね、どこかに良縁はないものかと相談を重ねた。長女の好江さんも弟のことは心配していた。知り合いの多い夫にそれとなく助けを求めたこともある。しかし、周囲がどんなに気を揉んでも「縁のものだから」と本人が言うように、良い話はなかなか見つけ出せなかった。

そんなある日、好江さんは沖縄から家相を見る長嶺伊佐雄という人が石垣に来ていることを知った。もしかしたら何かためになることを言ってくれるかもしれないと、好江さんは長嶺を家に招き、家族に結婚の遅い人がいるが家相と関係はあるのか、と聞いてみた。

「長嶺さんは、実際に家を見てみないとはっきり分からないけれど、と断わってから、『家の東側に井戸があれば子どもができないことがあるよ』って言ったんです。うちの実家は、新築した弟の家のその方角に井戸があるんですよ。もしかしたらと思って父親を呼んで、一緒に話を聞いたんです」

長嶺は、家の東側に井戸があるのは家相的に悪く、家族のだれかが病気になることもあると話したという。具体的には、井戸が原因で足とかひざとか痛くなる場合があること、井戸の汚れ具合やその周囲の汚れ具合が家族の不和にも関係すること、また、井戸や池などの水物が屋敷のどこにあるかも問題で、その場所によってアルコール依存症や喘息、短気、そういう違う症状が出ることもあると説明した。

それを聞いた忠夫さんはびっくりして、こう長嶺に告げた。

「その井戸にふたをして使ってはいないけど、その上に息子の家を建てた。この場合はどうなりますか」

井戸の上に建てた家には人は住めない。そう長嶺は言って、「息子さんの体調も、家が古くなるにつれておかしくなりますよ」と続けた。

息子に覇気がなくなっているのはこれが原因かもしれないと考えた忠夫さんは、すぐに埋める決意をした。

井戸埋めを中断したら、妻の目に異常が

幸い、井戸は住宅の軒下の部分にあり、建物を壊さなくても表面のコンクリートだけ割ればすぐに姿を現す。埋める作業も難しくはないだろう。そう思った忠夫さんは、家に帰り妻のトミさんに相談した。

ところが、突然の話にトミさんは猛反対だった。

新垣さん宅

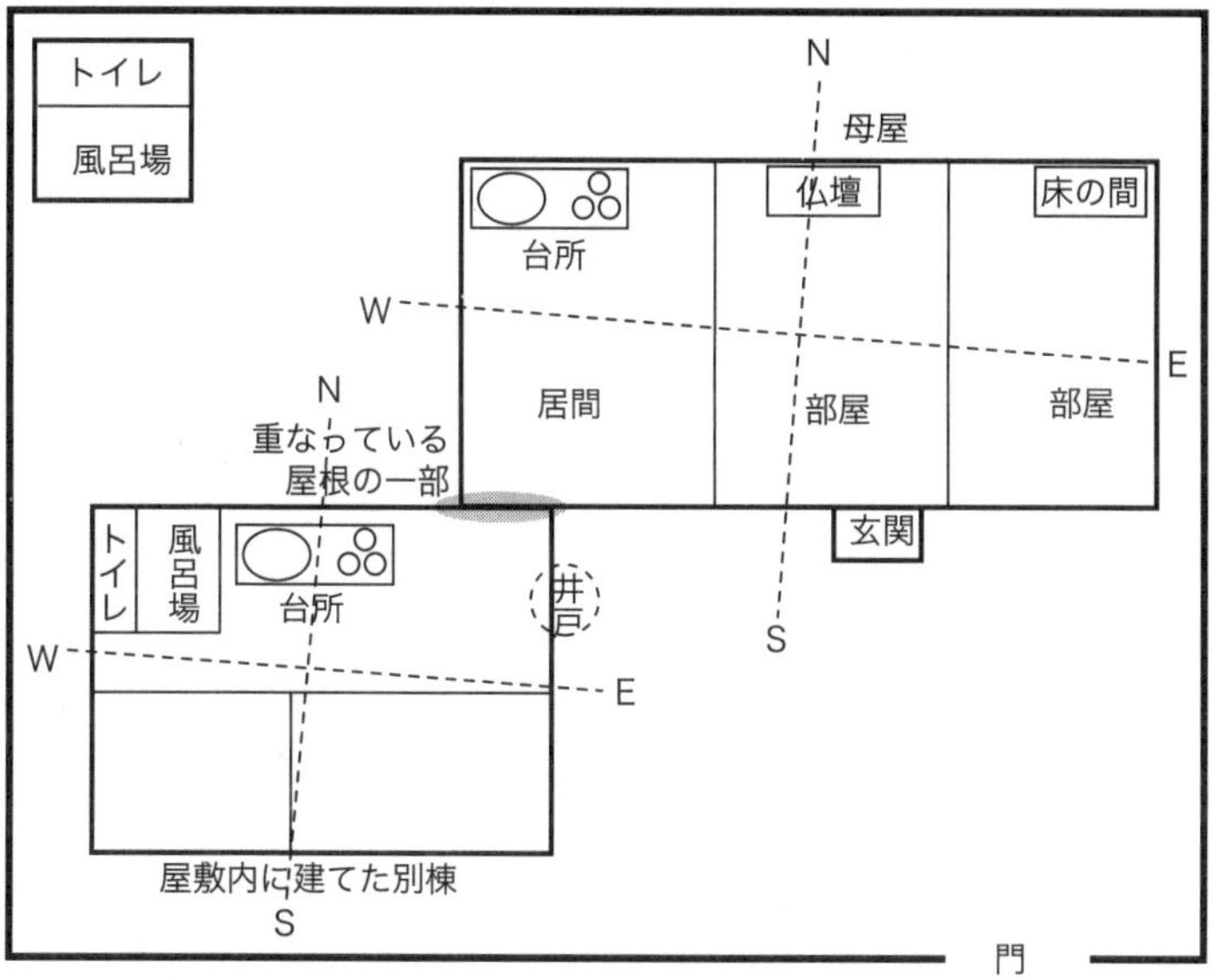

母屋は家相も良く、トイレや風呂場などの位置も問題はないのだが、井戸が南側にあるのが悪い。さらに、一つの敷地内に別棟を建てて、そこに住む息子の調子までおかしくなった。別棟は井戸の上に建てられていることが一番の問題。

井戸を埋めただけでだいぶ良いことがあったというが、母屋と別棟の屋根が重なっている部分をなくし、二つの建物の間に垣根などで仕切りがほしい

「私はその話を直接聞いていないから、半信半疑でよ、埋めないって言ったのよ。これまで井戸を埋めたっていう話を聞いたことがないもんだから。不安だったわけ」

予想以上に強く反対する妻の意見を変えることはとうていできそうになかった。その翌日、忠夫さんは再び長女の家で長嶺に会い、「お婆(妻)が絶対ダメって言っているから、井戸は埋めない」と告げた。すると、その話をしている途中、忠夫さんが急にめまいをおこした倒れ込んでしまった。そのときの様子を長女の好江さんはこう話す。

「フーラーフーラーしてソファーに横になったんです。グーっていびきをかくようにぐったりしているもんだから、私の夫も脳溢血か何かじゃないかと心配して『救急車呼べ』って叫んだんですよ。そしたら、長嶺さんが『大丈夫よ。なんでもないよ。何も救急車を呼ぶ必要はない。おばあちゃんにこんなこんなで井戸を埋める必要があるからって電話して、井戸を埋めますっていう心からの返事をもらいなさい』って。それで母の所に電話をして事情を説明して、井戸を埋めると言う話を納得してもらったら、その返事をもらったと同時に、父親の具合がうそのように治ったんです」

「じゃあ、結論が出たので、井戸は一週間以内に埋めてちょうだいね」と言い残し、長嶺は沖縄本島へ帰っていった。

あまり引き延ばすと、また家族の誰かに知らせがあるかもしれないと言う。忠夫さんの体調が激変したのを目の当たりにした家族はそれに従い、数日中には井戸埋めを着工した。

言われたとおりに井戸をきれいに浚《さら》い、汚れていない砂を井戸に入れたのだが、かなり深くてその日運んでもらった砂の量では半分くらいしか埋まらない。ちょうど年の瀬も押し迫った頃で何かと忙しく、残りはまたいつかやろうと忠夫さんとトミさんは話し合った。

その翌日、トミさんは長女の好江さんとそろって婦人会の忘年会へと出掛けた。朝から少し目の周りが痒《かゆ》く、何となく調子が悪かったのだが、そのうち治るだろうと思っていた。しかし、夜になると痒みは徐々に増していく。側で見ていた好江さんが心配して、忘年会会場から近い自分の家にトミさんを連れて帰った。

「忘年会も、目が痒くてそれどころじゃない様子でした。家に連れて来てからは、痒いを通り越して、針で刺すようにジンジン痛むと言い始めたんです」

これは井戸を埋めたことと何か関係がありそうだと直感した好江さんは、病院よりもどこよりもまず最初に、沖縄へ帰った長嶺に電話を掛けた。時刻は十一時過ぎ。ちょうど寝たところだった長嶺を起こして事情を説明すると、逆に井戸はどうなっているのかと聞かれた。受話器を持ちながらそのままを母親のトミさんに聞き直す。砂が足りなかったのでまだ半分しか埋めていないことを、好江さんはそのとき知った。

「私は『井戸は一週間以内で埋めなさいよ。埋めるときは一回でちゃんとやってね』というのを聞いていて、そのときの長嶺さんの話は母親も知っているはずなんです。だから、なんでこんなするのって母親を叱《しか》ったんですけど、もう目が痛いっていうのがかわいそうで、長嶺さんにどうすれば良いのか尋ねたんです」

長嶺の答えは、「すぐに火の神と井戸の神様に、井戸は明日の朝すぐ埋めますとお詫びしなさい」というものだった。しかし、母親一人を残して井戸のある実家までは行けない。そう長嶺に伝えると、「とにかく、火の神にだけでも手を合わせなさい。僕も自分の家から和合をとるから」と返事をもらった。

「長嶺さんは、自分の家の火の神に私の実家の住所と名前を言って事情を説明して、手を合わせたそうです。私もやったんですが、その直後からはもう、うそのように母親の目が治ったんです。『すーって痛みがなくなった』って。あれだけは本当に、まさかと思いましたよ」

翌朝、好江さんに怒られた忠夫さんとトミさんは、すぐに業者を手配して井戸を完全に埋めた。

それから一年たたずして、忠夫さんの息子は結婚した。

「井戸埋めたらすぐ結婚して子供ができたさ。今二歳になっている。ははは。井戸埋めてから本当に落ち着いておるからよ。あれは本当に関係があると思うさ」と忠夫さんは笑う。

ただ、忠夫さんはもうひとつ長嶺から忠告を受けていた。一つの屋敷内に複数の住宅があるのはいけないと言われたのだ。さらに、忠夫さんの家と息子の家は近接しすぎて屋根の一部が重なっている。長嶺は、どちらかの屋根を削り、家と家の間には垣根でも造って仕切りをするように勧めている。しかし、これには忠夫さんも二の足を踏んでいる。

「お金ができてからやろうと思っているんだけどねぇ」

家相の話は信じてはいるけど……と、忠夫さんの言葉は端切れが悪くなった。

「浴槽の下が、ヘドロのようになって汚れている」

改築で原因不明の腹痛やめまいが治った

石垣島に住む當間敏之さん(45)は、若い頃に起業した食料品店を順調に大きくし、今ではフランチャイズを持つほどの成功を収めている。

しかし、数年前に住宅と店舗を新築した後から体調が目に見えて悪くなった。いつもお腹が張っているような感じで、しょっちゅうトイレに通う。絶えずめまいがするようになり、ひどいときにはまっすぐ歩くこともできないほどだったらしい。

「最初は、おならが出にくいっていうのかな、そんな感じ。お腹がすごく張っているんですよ。また、船酔いみたいに頭に血が上った状態になって、ふらふらするんです。足が地につかないくらい。いつどこで倒れてもおかしくないし、実際居間で倒れたこともあるけど、起き上がろうという気力もなかなか出てこない」

お腹の調子が悪いせいで力が出ないのだろうと思い、那覇の病院で腸の検査を受けたが、異常はどこにも見られなかった。そんなはずはないと他の病院でも調べ、専門医がいると聞いた鹿児島へも出向いた。内臓だけでなく、肺や脳の精密検査までやってもらったが、そこでも病気は何ひとつ見つからず、敏之さんは落胆して沖縄へ戻ってきた。

体調は一向に良くならない。満足に食事をとることもできないので体重はどんどん落ちていった。いつも敏之さんに付き添っていた妻の恵さん（42）は、病院での診断は信じられないと、神頼みにすがった。

「病院で『異常ない』と言われても、もうヨーガリカラカラして（痩せ細って）、ひどいときにはフラフラして歩けないんですから。もう、あらゆるユタも頼むし、内地の有名な何とかっていう人にも電話で相談しました」

霊力があるという人たちが井戸の水を汲んで飲めと言われれば飲んだし、頭にお酒をかけて揉んでみたりもした。人の言うことは何でも聞いてみようと、専門の先生を訪ねて針治療も受け、ある宗教家に勧められて家の中にニンニクをぶら下げたこともある。敏之さんは、それを仕方なく思い、可能な限り受け入れてきた。

「僕は吸血鬼か、と怒ったこともあるけどね、妻が僕のことを心配してくれているんだから、ある程度のことは認めてきた。だけど、中には電話で相談しただけで五万円請求されたり、家から出て店の倉庫に住みなさいと言われたり、ひどいものもあったよ。こっちに弱みがあるからって、あまりにもバカにしているよね。こんなことをするくらいなら死んだほうがいいって、妻に言ったよ」

それでも恵さんはあきらめなかった。

「夫にプライドがあるのは分かるんです。自分一人で商売を大きくして今の地位をつくった。人にも信用されている自分がなんでこんなことまでするのかって悲しくなる気持ちも分かる。でも、家族は心配ですよね。こんな状態が数年も続いて、本人が一番苦しんでいるんですから」

「何百万かかってもいい。夫が元気になれば」

病院で治らないのなら自分が治す——。恵さんはそう決意して、いろんな人に会い、治療法を探した。そんなとき、ある人から長嶺伊佐雄の名を聞き、すぐに電話をかけた。夫の症状を言うと、「どこどこの方角にトイレがあるんじゃないですか」と尋ねてきた。

「会ったこともないのに、この家のことをまるで見たことがあるように言い当てるものだから驚きました。それで、とにかく早く来てくださいってお願いしたんです。そしたら、長嶺さんに『本当に家を直しますか』と何度も念を押されました」

長嶺に家相の話を聞く人は多い。そのほとんどは原因不明の病いに悩む人たちだ。間違った家の造り方をすると土地や家の神様に無礼になり、その家が年月を重ねるとともに難病をひき起こすこともあると長嶺は説明している。しかし、家の改築にはお金がかかるので、詳しく聞いた後でも家を直さない人たちは少なくない。家の神様に無礼になっていることを知りながらそれを改善せず、家族の体調がさらに悪くなるケースを長嶺はこれまでに何度も見てきた。それは長嶺自身にもそうとうつらいことだったので、本当に家を直す決意がないのなら詳しい話は聞かないほうがいいと電話口で語ったという。

「私は、本当に何百万かかってもいいから、夫が元気になればいいからと、とにかく早めに来てもらえますかってお願いしたんですよ。長嶺さんは了解してくれて、二、三日後に、私は空港まで迎えに行ったんです。そしたら、会ったこともないのに、『當間さんですよね』って。これも考えられないですよね。これはあとの話だけど、別の人を長嶺さんに紹介したときも、長嶺さんその人のことを一発で当てたんですよ」

この人は今まで会ったユタとは違うと、恵さんはそのとき直感したという。長嶺を家に招き、夫の敏之さんも交えて話を聞くことにした。

「私は、電話で約束したとおり、必ず直しますから、どうすればいいんですかと尋ねたんです。すると、水物が一番いけない。あるべき場所に移さないと（夫の病気は）治らないって、すぐ言われました」

どうして台所やトイレ、風呂場など水を使う場所を北西に置かなければいけないのかと聞かれても長嶺には答えられない。ただ、それ以外の方角に置いている家の家族が病気になった例や改築して治った話をした。すると、これまで妻・恵さんがいろんな霊能力者に聞いてきた治療法には批判的だった敏之さんが、「理解した」とすぐ業者に電話をかけ、その日の夕方には一番最初に指摘された家の外側にあるトイレの一つを取り壊し始めた。即決した敏之さんは、その理由をこう語る。

「人間あるでしょ、初対面でも通じあえるなあとか。自分はこの人は信じられると思いました。それに、家相が子どもの成長にまで影響するという話を聞いて、僕はもう四十越えているから病気が治らなくてもいい、だけど、子どものためにはやらんといけないものがあるんだったら全部やろうと思った。トイレの次はどこか、次に悪いのはどこかとすぐ直そうとしたら、逆に長嶺さんに怒られましたよ、もうちょっと人の話は聞きなさいって（笑）」

信じてもらえるのはうれしかったが、あまりにも性急に事を進めたがる敏之さんの前では落ち着いて考えることができず、長嶺は「次はお風呂場を直しましょう」と言い残して、沖縄へ戻った。風呂場の位置が悪いだけではなく、それ以上に何かやらないといけないことがある気がするので、冷静に考える時間がほしかったからだという。

自宅に戻り、床の間の前で當間さんの家のことを考えていた長嶺は、風呂場の下に水が滲み出し、浴槽の下がヘドロのようになってそうとう汚れていると直感した。すぐに當間さん宅へ電話を入れてそのことを告げ、浴槽を壊してその汚れた部分を取り除き、新しい風呂場は可能な限り狭く小さく造るように伝えた。驚いたのは敏之さんだ。

「ヘドロ？　ってびっくりした。僕の浴槽は特注でね、大人が何人も余裕で入れるくらい大きくて、それが悪いとは長嶺さんも言っていたけど、その下がヘドロのように汚れているとは想像もつかない」

おまけに、浴槽は二階にある。どうしてその底がヘドロのようになるのか、敏之さんは理解できなかった。

「でも、試しに割ってみたら、浴槽の下にはセメント袋や砂袋とかがたくさん埋められていて、そこの砂がもうどろどろに汚れていたよ。本当に汚かった。軽トラック一台分くらいあったよ。あれもみんな取って捨てた」

大きな浴槽が基礎のコンクリート部分に当たって破損しないように、浴槽の下にはクッション代わりに砂などを大量に敷いていたのだという。水道管から漏れた水が少しずつその砂にしみ込み、年月とともに悪臭を放つほどその部分を汚していたのだ。外から見ても分からない部分を指摘されて驚いた當間さん夫婦は、再び長嶺を呼んで風呂場の位置やその他の直す点を細かく確認した。

民家にしては大浴槽だった風呂場も普通の風呂桶に変えて小さくし、家の後側にあった浄化槽もあるべき場所へ移そうということになった。家の改築の話が一段落すると、敏之さんは息子のことで心配ごとがあると長嶺に打ち明けた。

「長男がお腹の調子が悪いとかふらふらするといって学校を休みがちだったんですよ。学校に行ってもお腹の調子が悪いからトイレに何回も通うらしくて。子どものときはそれも恥ずかしいさーね。僕もお腹の調子が悪いから、つらさは分かるさ。先生にも登校拒否じゃないよって言っていたんだけど、これがなかなか治らなくて」

長嶺は広い家の中を見て回り、床の間のある一番座を占領している大きなソファーやカラオケセットをどかせば良いと言った。敏之さんは例のごとく素早く行動し、すぐに家具を二番座へ移動させた。

「ここはもっと明るく陽が入るようにしないといけないって言われたからね。すぐにやった。そしたら、この子が翌日から学校に行くようになっていた。もうがらっと変わったよ。とても明るくなって、学校行ってきますって。あれ以来、学校を休まないよ。それと、娘の偏頭痛もあってね、沖縄の病院までも通ったんだけど、それは妻方の実家の井戸を埋めたら治ると言われて埋めたら、今はそれもなくなっている」

當間さん宅　比較図

改築前

1階

2階

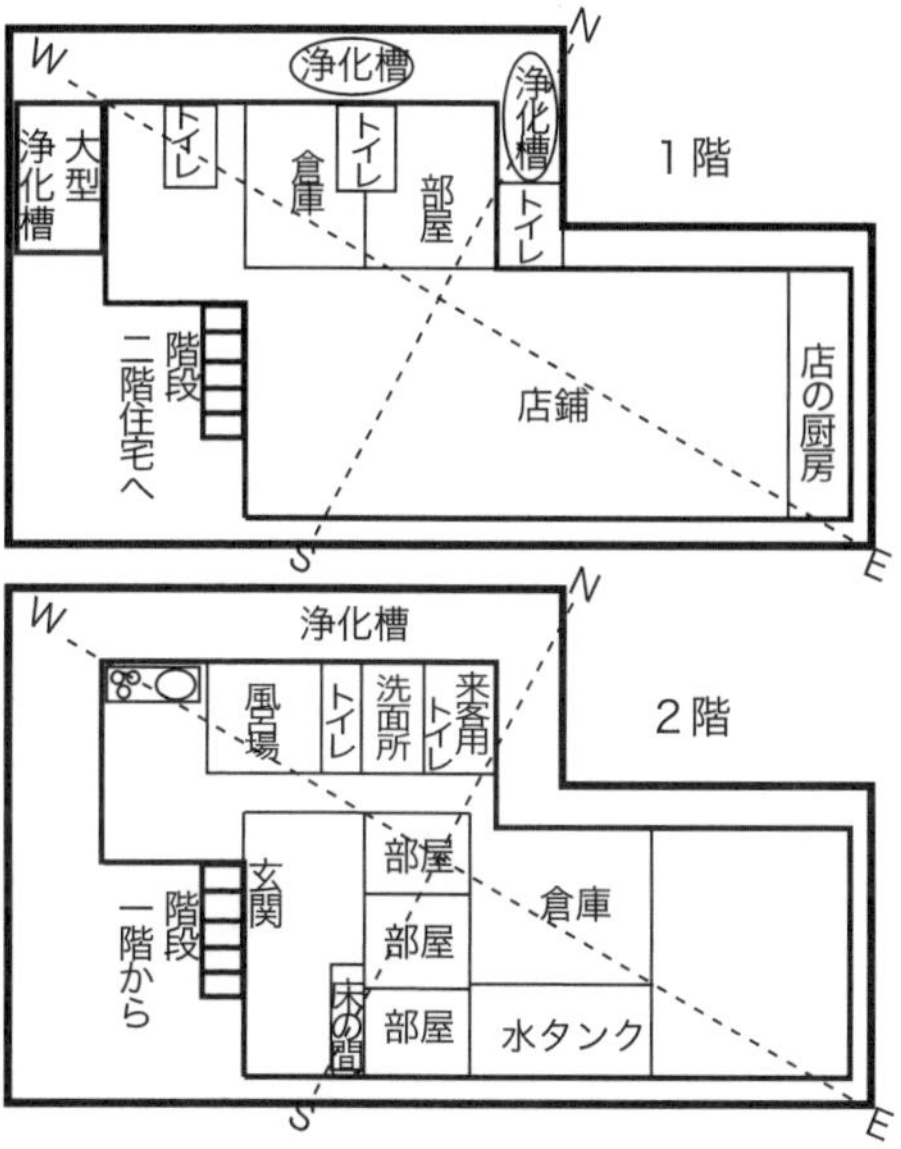

改築後

1階

2階

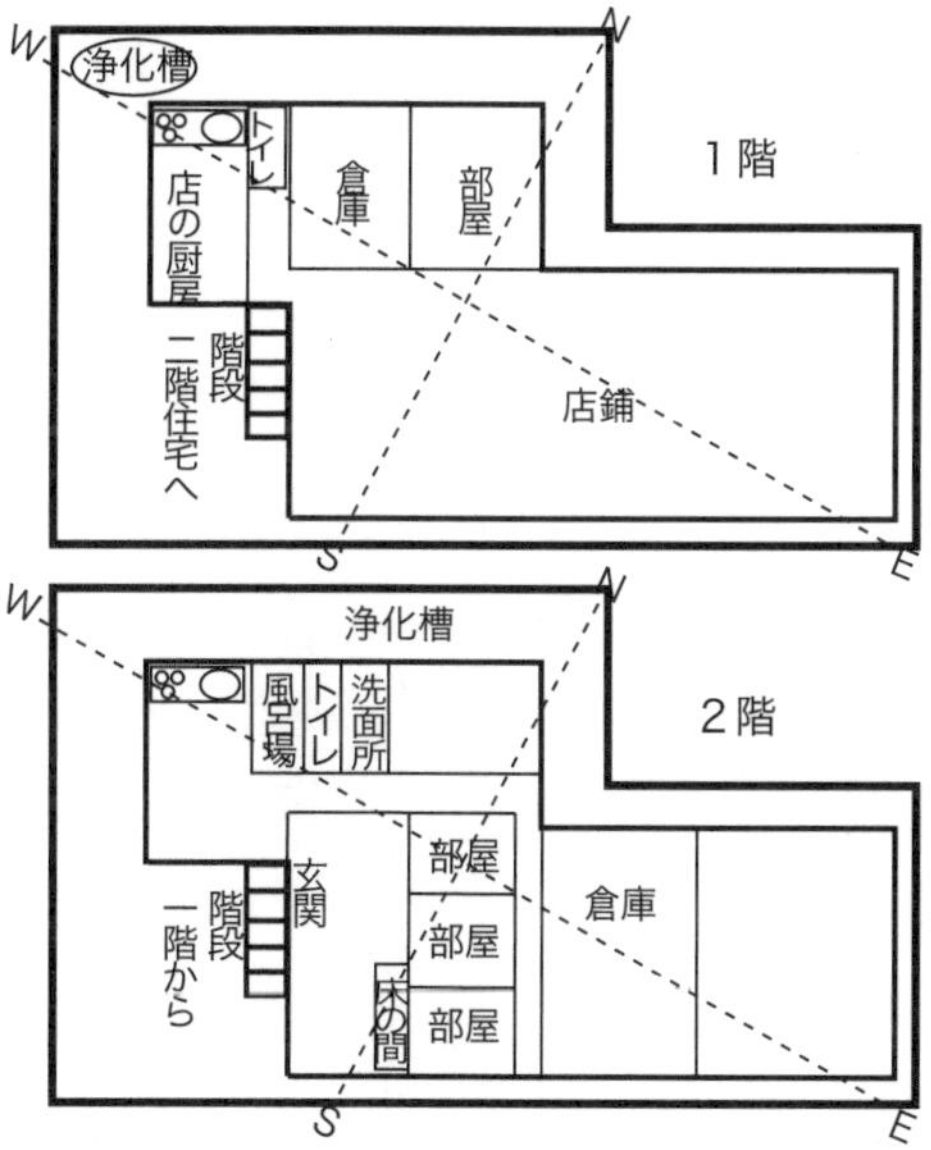

改築前はトイレが五カ所あるなど、水物の数や位置がおかしかった。トイレを必要最小限に抑え、お風呂場も縮小。水物の方角も北西にまとめた。浄化槽の位置も移動した。残るは床の間の向きを変えるだけだ

実家の家相が悪いことも体調を崩す原因

妻の恵さんは、大型スーパーが近所にできたので店のことも心配だと長嶺に相談した。店の惣菜売り場も東側から北西の位置に移動して、住宅も店も家相を良くすれば、「昔の客も声をかけてくるよ」と長嶺は言う。さすがにこれには半信半疑だったが、最初の約束があったので、店舗も改築した。

「直してみたら、『だんなさん、元気?』ってみんな尋ねてくるし、商売の売り上げも変わらず、逆に土日は以前を上回るくらい。こんなこともあるんだなあと喜んでいます」

住宅のほうは、最初は家の一階にあった二カ所のトイレを壊し、次にお風呂場を改造した。その効果は明らかだと恵さんは言う。

「家相を変えて本当によかったなあと思うのは、家族がみんな仲良く、明るくなって、健康でいられること。娘の知り合いも『最近明るくなって楽しいですよ。一緒にカラオケなんかよく行きますよ』って娘のことを言ってくれるもんだから、それだけで、親はうれしいですよね。夫も以前と比べればかなり良くなっていますよ。まだときどき具合が悪いっていうときもありますけれど、不安になるほどではない。それに、短気も落ち着いてきて、今はとってもいい人です（笑）」

敏之さんは体調が完全には治らない大きな原因は、敏之さんの実家にあると長嶺は見ている。家の下にそのまま埋められている家畜小屋と家の東側にあるトイレが問題で、その知らせが長男の敏之さんに来ているのだと指摘する。敏之さんは両親に家を改築してくれるよう頼んでいるのだが、なかなか話を聞いてもらえないようだ。

「家を改築してからの家族を見ているので、僕も長嶺さんの話は信じる。でも、実の親でもそれを分かってもらうのは難しいです。息子の体のつらさも分かってくれないのかと言葉が荒くなることもあって、実家に行くと必ずけんかになる」

ほかのきょうだいたちも、実家を訪ねたらなぜか口げんかになってしまったり、理由もなくそわそわしたり、居づらいと言っているらしい。

それもきっと悪い家相のせいだと感じている敏之さんは、自分の身体のことだけでなく、その家に住んでいる両親の健康も心配だ。何とか家を建て直させる方法はないものかと、夫婦で親を説得する機会をうかがっている。

「家相は仕事にも役立っているんですよ」

自ら家を改築して効果を実感し、内装工事に活用

住宅の内装工事を職業にしている玉城順一さん(42)は、もともと家相に関心があったという。両親が昔からの習慣を大切にしていたので、子どもの頃から『寅の方角には門は開けるな』など、いろいろな言い伝えを聞いて育った。住宅関係の仕事に就いたのはその影響があるかもしれない。家の改装は、長いときには数カ月もその家庭で作業をするため、その気がなくてもいろいろな家族模様を垣間見る。大きい家に住む家族が幸せだとは限らず、これも子どもの頃から聞いていた家の方角と関係があるのかと、何となく気になっていたそうだ。

「実は、自分の家にもトラブルが多くて、もっと詳しく知りたいなあと思っていたとき、ちょうどいいタイミングで知人が『家相を変えて家族の調子がだいぶ良くなった』という話をしたんですよ」

玉城さんは、まず知人に家をどう改築して家族がどう変わったか聞いた。沖縄には昔から方

角に合わせた家の造り方があるのは知っていたが、それで病気が治ったという部分に興味を持った。そんなことを教える専門家がいるなら会ってみたい——。知人から長嶺伊佐雄の話を聞いた玉城さんは、さっそく自分の家に長嶺を連れて来た。

「水物の位置が悪いですよ」

「長嶺さんは、自分なんかの家の内情をぴたりと当てたんですよ。まず最初は浄化槽の位置。夜だから見えないのに、『あっちが浄化槽でしょう』と言って、ここにあるのは悪いですよとひと言。それから家の中に入ったらすぐ『トイレが二カ所にあるねぇ。水物の位置が悪いですよ』。それから家庭の事情もみんな当てられて、こんな病気の人がいるとか、あんたは今どんな状態でしょうとか……。隠し事ができないという感じでしたよ」

玉城さん一家が住んでいる家は、約十年ほど前に中古で購入した二階建て鉄筋コンクリート住宅。少し古いが家族四人で暮らすには十分すぎるほど大きな家だ。しかし、ここで暮らすようになっていろんなもめ事が続くようになった。隣の家とは土地の境界線のことで争う。夫婦の中もぎくしゃくし、子どもは学校で教師たちも心配するほど元気がない。長嶺はそんな家族の状況を言い当てたという。

「本当に、長嶺さんに会った頃にはとにかくいろんなことがあったんですよ。僕自身、この家ではどっしり構えきれないというのか、ほろほろして家に居られないんです。恥ずかしい話ですが、よくお酒は飲むし、遊び呆けて女性問題とかもあったし、中学に通っていた娘は内気すぎて、人が訪ねて来てもあいさつができない。学校ではいじめにもあっていたそうです」

その状態で一番つらい思いをしていたのは妻の幸恵さん(40)だった。毎晩のように痛飲して翌日の午前中は二日酔いで仕事を休むことも多い夫、子どもたちのことさえも相談できず、心配ごとを一人で抱えた幸恵さんは精神的にまいっていた。毎日だるそうに動き、食事もあまり食べない。そんな状態で用事に出て、交通事故を起こして入院してしまったこともあった。

その時期の状態を、幸恵さんの友人は次のように語る。

「事故を起こしたときはもうろうとしていて、どうしてこんなにことなったか分からないと言っていました。入院して帰って来たときに私の家に呼んだら、もうとても痩せていて元気がなく、話す力も弱いんです。大丈夫かなあと思いましたよ。ご飯をよそったら、『あぁ、この家では食べられる』って。話を聞くと、自分の家では居心地が悪くて不安だと言うんです。トイレに行くのも怖いと。前々から電話したときの声も消え入りそうで、何か悩んでいるなあとは感じていたんですけど…」

いつも酒ばかり飲んでた順一さんも、さすがに妻の事故で自分の家族の状態を思い知らされたという。長嶺に会ったのはちょうどそんなときだった。

「妻がああなった原因は僕にあるんです。長嶺さんが会ったその日にみんな言い当てるので、これはやっぱり信じようと思いました。家が悪いのであれば、どうすればいいのかとすぐ聞きましたよ」

家を明るくして家族の和を取り戻す

長嶺は、まず二つあるトイレを一つにし、ちゃんとした方角に置くことと、床の間の東側を明るくするようにと言った。玉城さんの家の床の間がある部屋は、小さな高窓が一つあるだけで、昼間でも暗かったという。

「床の間の東側には事務所があるので、そこを開けることはできない。だから、南側をぶち破って掃き出しにし、大きな半窓もつけたんです。トイレも言われたとおりに一つにしました」

住宅改装を生業としている玉城さんにとっては、自分一人でできる仕事だ。ひまを見つけてはこつこつと作業を進め、あっという間に仕上げた。

「家が明るくなると、まず妻が食事をちゃんと食べ始め、だるいと言わなくなりました。娘も元気になって、人が訪ねてくると、きちんとあいさつをする。学校でのいじめもなくなったようです。自分の手で改造したので、それから家族が変わっていったのが本当に良く分かります。娘も妻も、だいぶ変わりましたよ」

玉城さん自身、毎晩のように飲みに行っていたあの頃の自分が珍しいと、首を傾げる。家を改築して以来、ほとんど酒を飲みに行かなくなり、家にいる時間が長くなった。

「今は飲みに行くのがバカみたい。朝も早く起きるようになりました。前は飲んだら朝も遅くまで寝て、従業員に起こされるくらいだった。今は体調も良くなって、本当に家庭が良くなって仕事もうまくいく。家庭での会話も多くなりました」

本当は、まだまだ直さないといけないと長嶺に指摘された部分は残っている。しかし、すべて直すよりは新しい物件を探した方がいいと、アパートや一軒家などをいろいろ探しているのだという。

「家相の話は、仕事でも役に立っています。人様の家を改造したりする現場にいますから、お客さんの家がどう変わって、そこの家族がどうなったっていうのがよく分かるんですよ。だから、トイレや風呂場といった水物を触るのは怖いです。ちょっと難しいなと思うものは、長嶺さんにファクシミリで図面を送ってお伺いをたてたりしているんですよ。それをまたお客さんに相談して考えてもらったりしています」

玉城さん宅　比較図

改築前

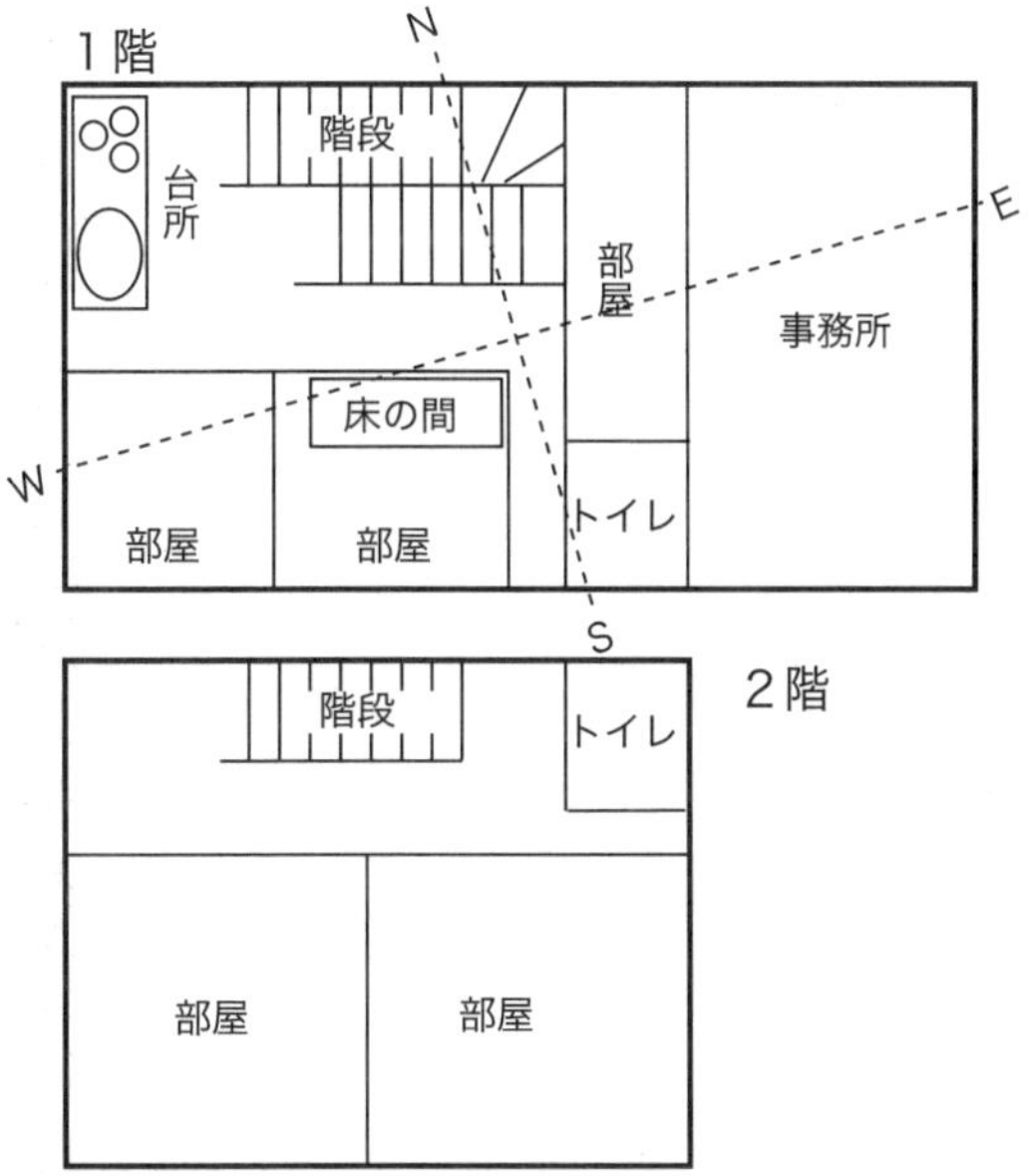

改築後

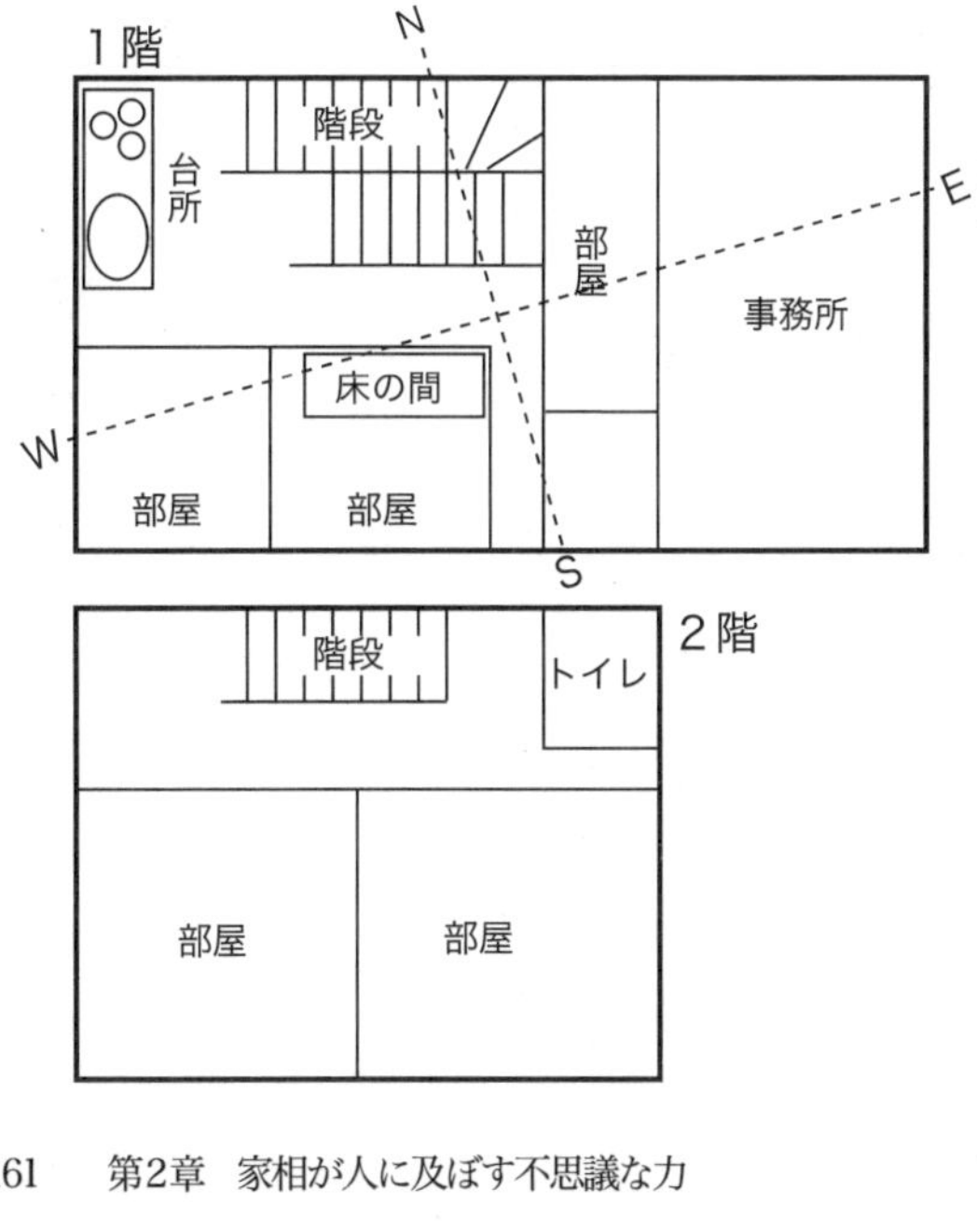

一階のトイレは取り壊し、明かりが入らなかった床の間がある部屋は、南側に大きな掃き出し窓をつけて陽の光が入るようにした。外にある浄化槽の位置なども問題だが、それを直すよりはと、玉城さんは新しい住宅を探している

箸も持てない難病の弟が歩いた！　しかし……

中途で工事を中止した金城さんのケース

沖縄本島南部の漁村で商店を営んでいる金城武雄さん(60)・民子さん(59)夫婦は、店の近くに土地を買い求めて住宅を建て、今住んでいる家から引っ越す計画を立てていた。本土の有名な易者に相談すると、「土地は上等だ。家を建てるんだったら設計は自分にさせてくれ」と言う。そうしてもらおうかとも思ったが、話を聞くうちに民子さんはその設計に何か違和感を覚える。

「ちょうど卯の方（東南側）にお手洗い造るって言うんですよ。あっちに造るっていうことはあんまり考えられない。私なんか小さい頃からあの辺にお手洗いがあることは良くないっていうことは聞いていたんですよ」

伝統を重んじ、昔からの行事なども地域の人々の手で大事に継承されている土地に住んでいることもあり、民子さんは「その方角は上座である」と小さい頃から聞かされていた。知り合いに相談すると、「これはね、ちょっと大変よ。みんなに聞いてみたら」と言われ、そうしているうちに知人から長嶺伊佐雄を紹介され、夫や親戚にも同行してもらい、さっそく訪ねた。

水の上には人は住めない

家相をみるというので、まず現在住んでいる家はどうだろうと、見取り図を広げる。すると長嶺は、「一階のお手洗いの上の部屋には誰かいるの？」と聞いてきた。そこは長男の部屋だった。

「その子は今までの実力を発揮できていますか？」と長嶺は問い、さらに「僕は思うけど、この子は持っている実力が百％だったら四〇％しか出していない」と続けた。

当時、息子はちょうど高校三年生。小学生のころから教師に期待されるほど成績優秀で、中学から他市の私立進学校に通わせている。しかし、最近の彼の様子に民子さんは不安を感じていた。

「親の思い過ごしかもしれなかったんですけど、もう少しはできるんじゃないかなと思っているのに期待外れっていうんですか、あんまり思わしくなかったんですよ。中学校では学年で二十番以内に入るくらいだったのに、高校三年生になっても受験勉強もしない。不良というわけでもないんですが、しょっちゅう遊んでばかりで。私がガミガミ言っても勉強しないし、こんなに遊んでこの調子だと大学も行けるかなあという感じだったんですね。何でかねえ、この子、何かあるのかねえと思っていたんですよ」

水回りの上に人は住めない、まず良く眠れないし、落ち着かなくなる――。そんな話を聞いても意味が分からなかったが、一つだけ思い当たることがあった。

「そういえば、たまたま私が風邪気味で息子の部屋でちょっと横になって休んでいるときに、上も下も全部水の中に立って寝ているという夢を見たことがあったんですよ。長嶺さんから水回りの話を聞いたときに『あ、これだ』と、私すぐ感じました。何かあると、私が自分の勘で思っていたこととやっぱり合っている。私はそれまではユタも信じていなかったんですけど、これだったら聞けるって、やっぱりあの夢は何か意味があったんだって思ってね。あのあと、いろいろ家相の話を聞かせてもらったんですけど、なんか私が昔から聞いていたこと、教えられていたことと合っていたので、全面的に長嶺さんのこと信じられるって思ったんですね」

一階のトイレの上に当たる部屋は物置きにし、長男は別の部屋に移したところ、彼は落ち着きを取り戻し、無事大学にも進学したという。が、これは後日談。その日長嶺の家では、現在住んでいる家の話をこれで切り上げ、ここに来た一番の目的である『新しい土地を買い、屋敷を建てる』相談を長嶺に持ちかけた。

「隣の敷地に家を造る話は、まず『東南に便所を造るのはダメ』と言われて、あぁ、やっぱりなあと思ったんですけど、この土地を買って良いかどうかは何も言ってくれないんです」

しばらく意味のない世間話ばかりが続いた。民子さんの他にも夫の武雄さんや親戚が何人か一緒だったのだが、しびれを切らした男性陣は、早く答えを出してくれと「まーだいなー（まだですか?）」と催促し始める。

話してもいない弟の病気を言い当てられ……

しかし、そのとき長嶺の頭の中はパニックになっていたらしい。「この人たちが土地を買うのは多分問題ないと思ったんだけど、何だか頭の中が真っ白になって、何も考えられなくなっていた。それで、台所に立ってお茶のお代わりを準備したり、トイレに行ったりしてお客さんを待たせてしまった」とその日のことを振り返る。

「まーだいなー」、何度となく聞かれ、長嶺の口から出てきたのは本人にも意外な言葉だった。

「姉さんたー　土地財産を求《むとう》みーしん上等やしが、病人治《のーち》してから　財産求みーしが　ましやいびーんどー（土地を求めるのもいいけれど、病人を治してからの方がいいですよ）」

土地を買う相談に来たというのに、全然的を外れた答えだ。それに、武雄さん・民子さんの家族の健康状態はみな良好なのである。しかし、長嶺の口から出た「病人」という言葉には、その場にいた全員が鋭く反応した。民子さんは言う。

「実は田舎の方に義理の弟がいるんですけれど、十九歳のときに頭をやられて神経の病気なんですよ。親戚中のみんなが気にかけていて、何かというとあの人のことが最優先になるんです」

実兄である武雄さんは、弟の病状についてこう語る。

「高校を中退して本土に働きに行ったけれど、二、三カ月くらい働いたかね、そこで精神的におかしくなって。家からも飛び出したもんだから、捜索して見つかったらすぐ病院に入れられたそうです。そこの病院にも五年くらいいたんじゃないかな。それから沖縄に帰って来たんだけど、二十年近く入退院を繰り返していたんです。もう、薬漬けの生活ですよ。そのせいもあるのか、他の神経の病気も出てきて、長嶺さんに会った頃は全然歩けない状態でした。『多発性神経炎』という難病だったらしいです、神経も筋肉も使えなくなるっていう。長嶺さんが病人ということを言ったので、すぐその弟のことだろうなと思いました」

同席した親戚の人たちは、最初は話してもいない武雄さんの弟のことを言われて驚いた。その一方で、長年親戚みんなで心配し世話をしてきた彼のことを「治してから土地財産を求めては」という言葉に反発した。「医者が治せないものを、自分たちがどんなして治せるか」。心ならずも言葉が荒くなる。その中でただ一人、民子さんだけが長嶺にその先を促した。

「そしたら、『その人が住む武雄さんの実家には、家の前に、東南の方角のこの辺に水たまりがないか』って言われたんですよ。そういえば水道もあるし、ああ、あっちに水を使う所はあるなあと思って。私はすぐ翌日に長嶺さんにその実家を見てもらいました」

指摘されたその場所には、母屋とは別に風呂場や下水溝、倉庫などがあった。武雄さん・民子さん夫婦はすぐにその家に住む家族を説得し、長嶺の言うとおりにこれらをすべて撤去し始めた。

「そのとき奇跡というのかな、そんなのを感じましたよ。歩けなくて手も使えない状態だったので、義弟はその頃病院に入院していたんですけど、水物を片付けている途中から、病院でこの弟が痒《かゆ》いよ痒いよしているんですって。親戚の人たちは何も感じないんですけど、私は、これは一つの何かの作用だと思うんですよ。身体から何かが抜けていくっていうのか。そして、水回りを片付ける工事をし終わったときには次第に良くなって、病院からも退院して歩ける状態にまでなっていましたよ。もう何年ぶりかに自分で散歩して歩くくらいにまでなっていましたから。私はもうこれで確信して、早く次の工事をやろうとそこの家族にしょっちゅう言っていたんですよ」

民子さんは、「家の南側の大きな汚れ物は取ったけれど、屋敷の北西の方に昔の家畜小屋がそのまま埋まっている。家の床下にも汚れ物がある。神御無礼になっているよ」と長嶺から聞いていた。床下の汚れ物というのは、「小便甕《しーべーがーみ》」といって昔の男の人たちが使っていた便器のことで、それが残されたまま建物が上に建てられたことは、家族の年長者が憶えていた。その周りの土がだいぶ汚れたままになったいるのできれいにしないといけない、と長嶺は指摘したという。

工事を途中で止めた家族

「それまで箸も持てない状態の人が歩けるまでになったということは、やはり何か長嶺さんの言うことと関係があると思うんですよ。何しろ、まず信じるしかないから、だって、これだけ良くなってきたんだから。これは次の段階に行くべきじゃないかな、と思ったんですよ。『全面的にまず長嶺さんの言うことを聞いてみよう、お義母さん』って実家に住んでいる家族に言ったんですよ。でも、どうしても聞かない。家を直すのは住んでいる人が納得しないとできないことですから、そのままになってしまって。周囲にいる人たちからも『そんな話はない』といろいろ言われたようです。だから『これ以上直さん』って」

どこまで治るか本当に信じてやってみようと民子さんは家族を説得し続けたが、結局は一人

金城さん宅　比較図

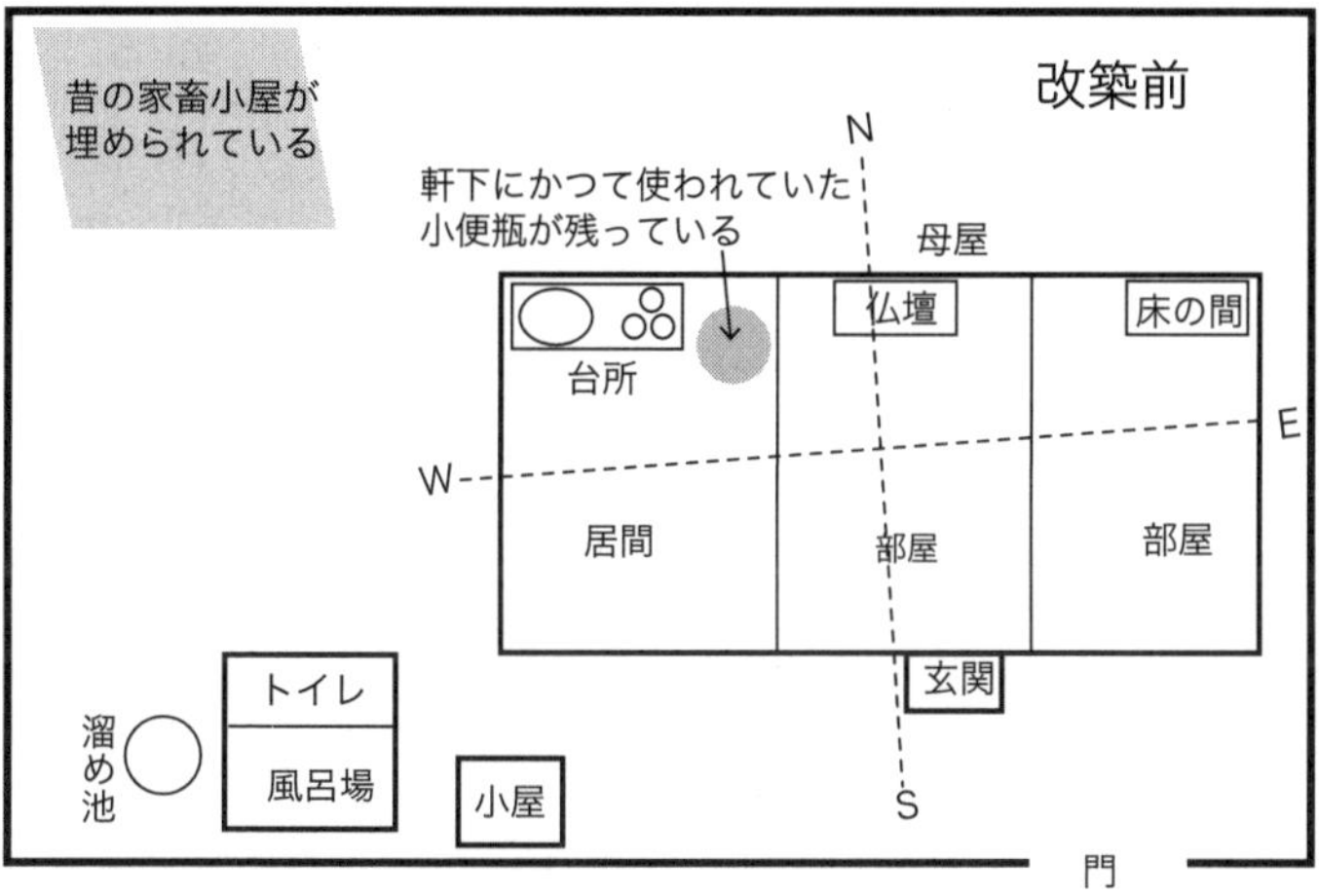

家の南西側にあった水物（トイレや風呂場、溜め池）、小屋を撤去し、北西側に移動した。しかし、昔の家畜小屋などの跡はまだそのままだ

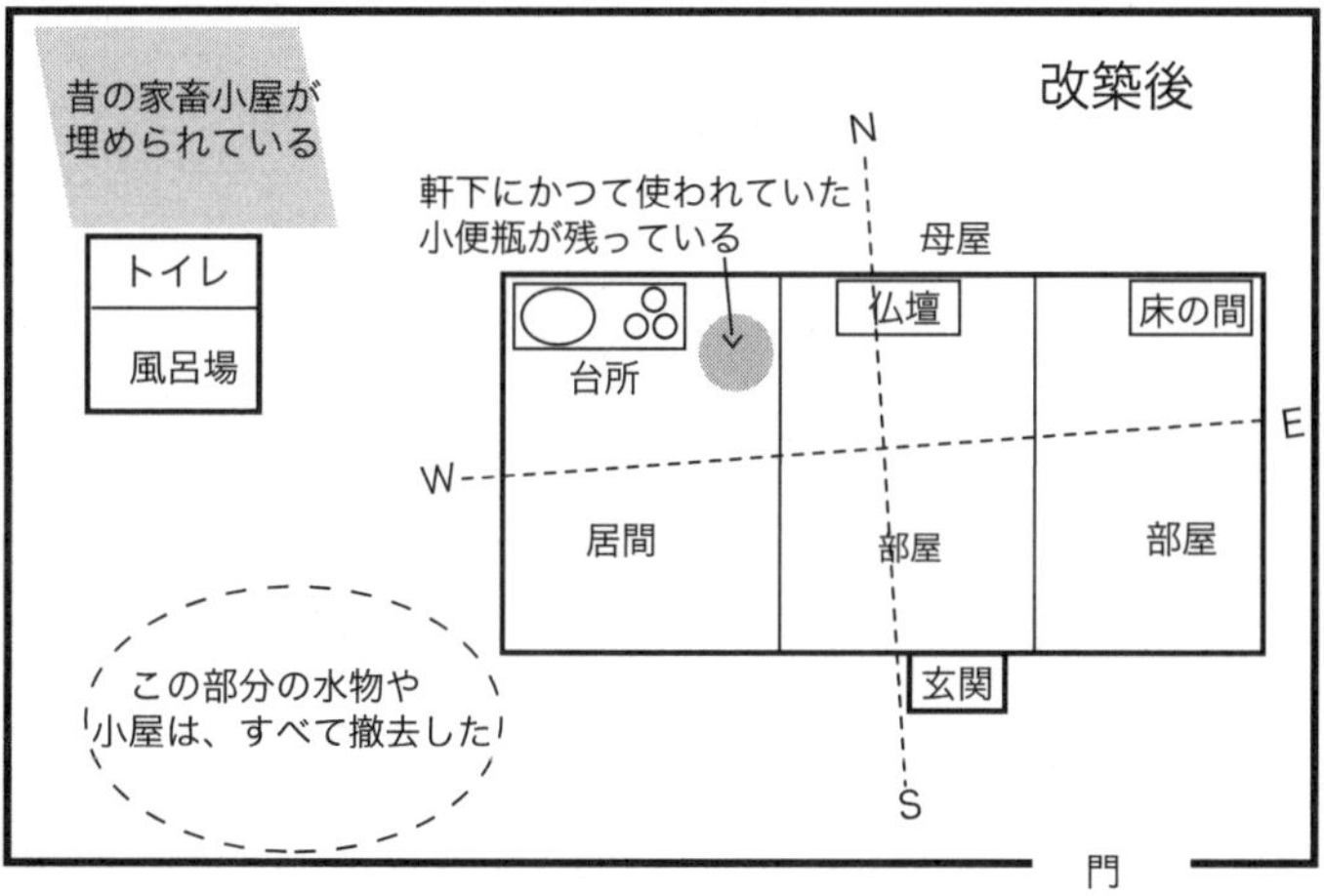

だけが宙に浮いてしまい、話を続けようものなら「もう、これは病気なんだから仕方がないさ。この話はもう終わり」とさじを投げられた。夫の武雄さんに手助けを求めたが、武雄さんも実の母親には強く出られない。

「義弟はそれ以上よくなりませんでした。ずっと寝たきりになることもありませんでしたが、やはり病院に入退院の繰り返し。でも、工事が途中で止まっている状態で六年ぐらいでしたかね、突然体調を崩してしまって、亡くなってしまったんです」。民子さんが目を潤ませて言葉を切った。しばらく無言が続いたあと、武雄さんが「長嶺さんの言ったことを全部やっておけば、こんなことにはならなかったと思うんですよ。あれだけ結果が出たのに、そのあとやらないといけないことをちゃんとやらなかったから」とつぶやき、視線を床に落とした。

第3章

正しい家の造り方

～神々に無礼にならないように～

沖縄には、家の造り方について数々の言い伝えが残っています。「屋敷は南に向けて」、「下（台所）は家の後ろ、北西に」など、今では信じる人も少ないのですが、その教えにしたがって家相を変え、体調が良くなったり家族の和を取り戻したケースが数多くあることは先にご紹介したとおりです。ここでは非現実的だと指摘されることを覚悟の上で、僕が夢の中で祖先から教えてもらったことをそのままお伝えします。「迷信」のひと言で片付ける前に、古人の知識に耳を傾けてみませんか。

長嶺 伊佐雄

土地屋敷に宿る神々

土地を買ってそこに家を建てれば、土地屋敷はその人の物になります。当たり前のことですが、これは昔も今も変わりません。

ただ、昔の人は、自分の物になった土地や家にも神様がいると感じました。だからこそ、自分たちはこの土地に上に住まわせてもらっている、この家に守られていると、常に感謝していたのです。今でもそういう気持ちを忘れずに、節目節目に土地の拝みや家の拝みを行っている年配の方々は沖縄にたくさんいらっしゃいます。調べれば、そういう気持ちで土地屋敷を大切にしている人たちは、国境や宗教を越えて日本中、世界中にたくさんいると思います。

僕は沖縄のことしか分かりませんが、沖縄では家を造ったら基本的に五カ所で神様を崇めます。土地の神様、紫微鑾駕《しびらんか》（家の中心の柱に宿る神様）、竈《かまど》の神様（火の神《ひぬかん》）、床の間の神様、フール（トイレ）の神様です。

家相の悪い家とは、その神々に御無礼のある家のことを指します。「下《しむ》や下下《しむさ》ぎてぃ（台所は北西の方角へ）とか「フルや家《やー》ぬ後ろ《くしりー》（トイレは家の後側に）」など、昔の人々は、家に宿る神々がそれぞれどこの方角に入れれば居心地が良いのか、知識として知っていたようです。家相の悪い家を造ったり、そこに住んだりすれば、家族の体調が崩れることを昔の人は今よりずっと敏感に感じていたのでしょう。家を造るときの教えとして昔の人が伝え残した数多くの言葉は決して迷信ではなく、健康に過ごすための知識だったのです。

言うまでもないかと思いますが、この神様方は仏ではありません（四一ページ十三行目からの段落参照）。もっと大きな存在ですので、この神々が居心地が悪い家では、そこに住む人間、またはその家を造った人間に何らかの異常が出るのです。詳しいことは家相を治して難病が治った方々の体験談を読んでいただければ理解していただけると思います。

昔の人たちが知っていた良い家相とはどんなものかはあとでじっくりお話するとして、まずは家の五カ所に宿る神様について簡単に説明しましょう。

土地の神様

人が家を建てるために土地を購入したり借りたりすると、その人は自分が管理することになった土地を汚さないように責任を持たなければなりません。家を建てるために土地を区切ったときから、その範囲には土地の神様が宿るからです。その土地が四角形ならば内側の四隅に、多角形ならばその内側の角々に宿ります。非常に強い力を持つ神様で、原因不明の難病にかかっている人は、何らかの形で敷地を汚してこの神様の怒りを買っているケースが多いのです。

紫微鑾駕《しびらんか》

屋根を葺《ふ》いたときに宿る、家の中では一番大きな神様。昔の赤瓦家の屋根裏に上ると、家の中心にある柱に「紫微鑾駕」と書かれた板を張り付けている家も多いはずです。棟上げのときに大工が取り付けたものでしょう。古い屋敷を壊し、その材木を再利用して家を建てるときには、「天官賜福紫微鑾駕」の文字を掲げたそうです。僕が夢で教えられた話では、「紫微」というのは北極星の近くにいらっしゃる天帝という一番大きな神様のすぐ下の位にいる神様で、家を通して人間の治癒力を高めているとのことです。

竈の神様（火の神《ひぬかん》）

沖縄の人たちにはとても親しまれている神様で、旧暦の一日・十五日には火の神に日々の感謝とこれからも見守ってくださいというお願いをする家庭も少なくありません。僕は、夢の中で、家にある火の神の香炉から「竈」の文字が四方八方に、それこそ世界中に飛び散っていく光景を見せられました。火の神に拝めば、どこの神様にでも話はつながるという意味です。もちろん、お願いごとやお詫びは、実を伴わないと聞き入れてもらえないのは人間の社会と同じです（一四四ページ四行目前後のエピソード参照）。

床の間の神様

床の間は、人間の身体でいえば頭の部分。ここに宿る神様は、人間の徳を高め、知識を授けてくれると教えられました。昔の家の造りでいえば床の間のある部屋は一番座に当たり、太陽の光がよく入るよう、東または南の方角にあります。もちろん、床の間も同じ向きです。この部屋をとにかく明るくすれば、頭もよく回転し、仕事にも大きな影響が出てきます（八六ページ五行目からのコメント参照）。逆に、ここに大きな家具などを置いて床の間を暗くし、体調を崩した例もあります（一五二ページ五行目からのエピソード参照）。

フール（トイレ）の神様

昔は、今のようにトイレは住宅の中にはなく、家の北西側に別棟で小さく建てられました。現在は住宅とトイレは一緒になっていますが、同じように家の一番北西側にトイレを置くことが、良い家相の条件です。フールという沖縄の方言を聞くと、年配の方は屋敷の後ろ側にあった豚を飼うための石囲いを思い出すでしょう。豚にとっては人糞も貴重な食料でしたので、人はそこを便所として使いました。フールの神様は人を落ち着かせる力を持っています。人の悪口や怨念などで意気消沈したりだれたりする「口難、口ぐとぅ」をはずしたり、「魂込め《まぶいぐみ》（人が突然無気力になったり呆然として心ここにあらずという状態になったときに行う魂を込める儀式）」などのお願いをする場合は、この神様の前で拝みます。

家相の悪い家では、人に「知らせ」がくる

人の住む家に宿る神々について説明しましたが、僕の言う「正しい家」とは、その神々が居心地の良い家ということです。土地屋敷を汚したりするなど、そこに宿る神々が居心地の悪い家を造ったりすると、「神御無礼」になり、家族に何らかの「知らせ」がきます。家族の誰かが心の病いを患う、医者でも治せない難病にかかるなど、人間にとってはつらいことも多いのですが、いきなりこのような強い「知らせ」が来ることはまずありません。

現代の家で一番よく見られる神御無礼の例は、トイレや風呂場などが間違った方角に造られているケースで、僕が相談を受けた中には「まだそんなに古くもないのにタイルがぼろぼろとはがれていく」とか「お風呂場で家族がよく転ぶ」、「トイレで気分が悪くなってしまう」などの小さな知らせごとから始まって、徐々に家族の健康状態や雰囲気が悪くなっていったという事例が多くあります。

他にも、「家にいると落ち着かない」、「家族がけんかばかり」など、神御無礼の知らせは人間でも耐えることのできる小さな出来事から徐々に大きくなってきます。それが悪い家相のせいだと感じたら、できるだけ早く直さなければなりません。

家の造りが悪いと、最悪な場合は人の生死にかかわります。さらに怖いことは、神様からの知らせは継ぎ降い《ちじうい》するということ。実家が悪ければ、その神御無礼の「知らせ」は分家した次男、三男、何男であっても、みんなに回ってきます。体調の不良や相次ぐ災難を拝み不足《うがんぶすく》のせいだと心配してユタに相談しに行くという話はよく聞きます。中には「これは継ぎ降り《ちじうい》だから」と言われて拝みをさせる人がいますが、僕は拝みで完全に治ったという話を聞いたことがありません。

でも、この十年の経験から、土地屋敷清めて神様に御無礼のないようにすれば必ず良い方向に行くと、僕はみんなに説明しています。

良い家相の絶対条件

昔の人たちが、家や屋敷に神様を祀り感謝していた理由は、「家に住む」ということと自分たちの健康が強く結びついていると知っていたからに違いありません。

では、神様方に御無礼にならない家屋敷とはどういうものでしょう。実は、基本的な決まりごとというのはいくつかしかありません。それを箇条書きで挙げてみます。

○土地を清める
○屋敷囲いをする
○家は南か東向きに造る
○床の間は南か東に向けて明るくする
○水物（台所・風呂場・トイレなど）は北西に狭く小さくまとめる
○一つの敷地内に複数の建物を造らない

この中には、皆さんが年配の方々から聞いたことのあるものもいくつか含まれていませんか。ご覧のとおり、常識的な決まりごとも含めて、良い家相の絶対条件はそんなに厳しいものではありません。それにもかかわらず、これらの六つの条件をすべて満たしている住宅は、現在では数少なくなったことも残念ながら事実です。

家には、屋根を葺いたときから神様方が宿ります。その神様方の居心地を良くするために、この六つの基本的条件はぜひとも守らなければいけないのです。家に宿る神様方は、そこに住む人間を守ってくれるはずの存在ですが、居心地が悪いと、逆に「どうにかしてくれ」と人間に訴えます。家族の誰かが精神的に不安定になったり、病院でも治らないような病いにかかったりするのは、その「知らせ」なのです。どんなに新しいお家でも、汚れ物の上に建った家、造りの間違っている家に、人は長くは住めません。あまり悪いようだと、一年足らずで災難がくることもあります。

一番分かりやすい例を挙げると、赤ちゃんがいる家庭だったら、すぐに夜泣きが始まります。それが何日も何日も続くようであれば、その家の家相は非常に悪いと考えていいでしょう。そして、そんな家では女性の生理痛がひどくなって、中には寝込むほど苦しむ女性も出てきます。家が古くなると、それなりに神様の知らせごとも強くなっていくので、必ず難病にかかります。そういう家の造りだと、結果として人が住めなくなり、廃居になるのも早いわけです。

僕が何度も重ねて言いたいのは、病院に行っても治せない難病というものは神様の知らせごとであって、病気ではないということ。建物そのものが神様が宿る生き物で、そこに住む人間の母体であると考えてみてください。病んだ母体に宿る子どもが健康的にすぐれないのも当然です。

基本的な間取りの例

南向きの家

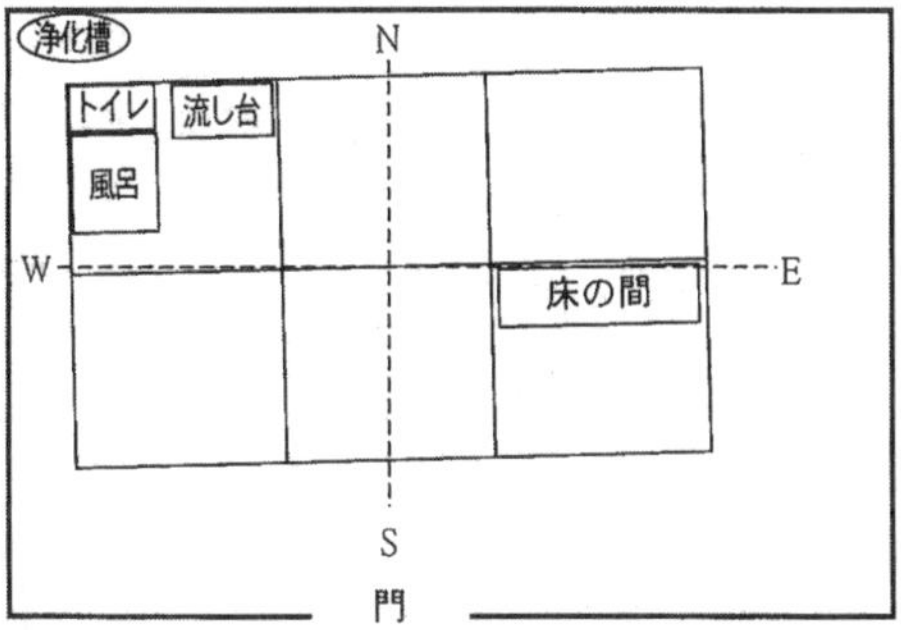

分かりやすいように長方形の家を例にすると、これが理想的な家相です。より多くの光を取り入れるため、どちらも東南の方向に少しずつ傾けていますが、これを沖縄では「上《かみ》上《あ》がい家」と言います。家の向きを東西南北の方角にピタリと合わせると、「正中する」といって悪い家相になりますので、必ず方角をずらします。

東向きの家

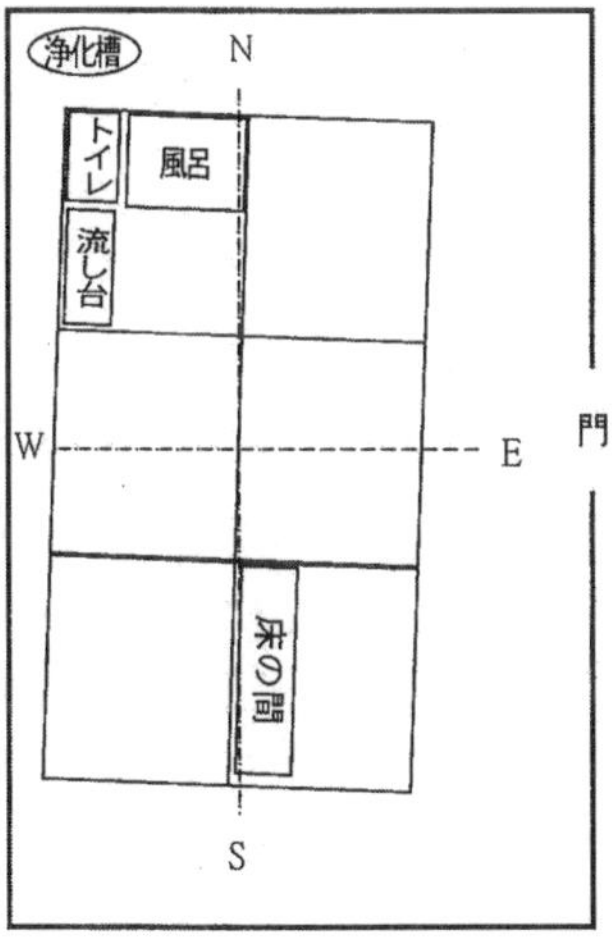

もっと細かく確認してみましょう

ひと口に「土地を清める」と言っても、どの程度まできれいにすればいいのか漠然として分からない方もいらっしゃると思います。ここでは、前の章で挙げた良い家相であるための六つの絶対条件を、さらに細かく見てみましょう。

○土地は汚れていないか

家を造るというときには、必ず土地を清めてから造る。これが、絶対条件です。地鎮祭というのはみんなやりますが、「この土地にどこのだれだれが建物を造りますからよろしくお願いします」だけではだめ。買った土地なら、今度は前の地主に代わって責任をもって大切にしないといけません。

一番気をつけるべきことは、地中に隠れている汚物です。例えば、沖縄ではウワーフール（屋敷内で豚を飼っていたときの石囲い）とか家畜小屋とかを家の敷地内に造っていた人も多いでしょう。その跡とか、前の持ち主が使っていた浄化槽などが地下に埋められたまま残っているとしたら、そういう汚れ物はきれいに取り出さないといけないわけです。それを埋めたままで家を造ると良いことがない。特に、家畜小屋だった跡に家を造ると確実に難病にかかります。

池などがあった場合は、ただそれを埋めるだけではなく、水ゴケなどもすべてきれいにしてから埋める。井戸も同じ。きれいにしてから砂などで埋める。このように屋敷を清めることを、沖縄の言葉で「地浚い《じーされー》」と言います。間違えてもどこかの畑から肥料がまだ残ったままの土を入れたりしてはいけません。必ず汚れていない土または砂で屋敷をきれいにします。

井戸を埋めることに抵抗を感じる方は少なくありません。井戸の神様の怒りを買うと信じているお年寄りもたくさんいらっしゃいます。確かに、自然の湧き水、沖縄の言葉でいう樋川《ひーじゃー》などは埋めたら大変なことになります。人に対する知らせも大きいので、絶対に埋められません。しかし、屋敷の中の井戸は、人間が便利だからと掘ったもの。つまり、トイレや台所と同じように、水物と考えられます。それが悪い位置にあったりすると、それも神御無礼になるわけです。たとえ他の水物と同じように屋敷の北西にあったとしても、まだ問題はあります。そうなると井戸はトイレなどの汚水を処理する浄化槽の近くにないといけないので、その汚れた水が何かの拍子に流れ込む怖れがあるからです。万が一そういう状態になったら、土地の神様と井戸の神様（井戸を造ればそこにも神様が宿ります）の両方に御無礼になってしまいます。ですから、井戸は家の敷地内にはない方がいいのです。人が造った井戸であれば、これまでありがとうございましたとお礼をして、きれいに埋め戻せば問題はありません。

話は少し飛ぶかもしれませんが、建物の下に人骨が眠っていることを知らずに家を建て、住んでいる人が金縛りにあったり眠れなかったりしたという話を聞いたことはありませんか。確かにそういう場合も神様方からの「知らせ」が早く来ます。ここで誤解してほしくないのは、その人骨、つまり家の下に眠っている仏様が崇ったりしているわけではないということです。人の霊が生きている人間に崇るということは絶対にありません（四一ページ十三行目の段落参照）。言葉はきつくなりますが、家に宿る神様方にとっては人骨も居心地を悪くする「汚れ物」の一つなのです。神様は威張っているとは考えずに、人間よりはもっともっと大きな存在なのだと理解してください。その神々の居心地を良くすれば、それだけの力で守ってもらえるのですから。

○土地を汚していないか

せっかく土地をきれいにして家相の良い家を建てても、その後に土地を汚してしまっては意味がありません。庭が広いからといって畑代わりに使うのも危険です。「家庭菜園」の項目で詳しく説明しますが、一番いけないのはそこに肥やしを使うこと。沖縄の言葉では「生肥え《なまぐえー》」といわれる、肥料化されていない人糞や家畜の糞、残飯などを庭に捨てるといいことがない。これは絶対に止めてほしいことの一つです。年数を重ねると、早ければ三年くらいから知らせごとが出てきます。

屋敷内に汚物を置かないという意味では、下水道を使うことはとても良いことです。しかし、普及していない地域も多いので、その場合に使う浄化槽は家の北西に置きます。肝心なことは、もれたりあふれたりさせないこと。細心の注意を払ってください。汚れ物の上に家があるということは、その家に宿る神様方の居心地が悪いということ。神様が居心地が悪ければ、生きた人間がなお悪くなります。

ペットを飼うことも勧めません。外で飼う場合はもちろん、屋内で飼う場合も家の中をどうしても汚してしまうからです。それでも、という方には、土地屋敷を汚さないよう十分気をつけてくださいと言うしかありません。

○生け垣でも良いから屋敷囲いは忘れずに

屋敷囲いは、人間にとっての洋服みたいなもので、家を造るときには忘れてはいけないものです。屋敷の囲いをすると、土地屋敷の神様方の居心地を良くします。自分の守る範囲というのが決まるからです。囲った範囲をそこに住む人間が神御無礼のないよう大切にすれば、その家族は土地屋敷の神様方によって守られます。

もし、屋敷の囲いがなければ、自分たちが正しい造り方で家を建てても、隣がそうではない場合には隣の神御無礼まで引っかかる場合があります。だから、隣は隣、自分たちは自分たちとはっきり区分けできた方がいい。必ずしも頑丈なものでなくていいのです。「人間がかがんで隠れるくらいのものでいい」ということですから、例えば、昔のようにブッソウゲとか竹囲いなどの垣根で、せいぜい一・二メートルくらいの高さがあれば十分です。屋敷囲いはぜひ造りましょう。

○床の間は東か南向きに、できるだけ明るく

床の間は、人間で言うと頭の部分です。「床の間とは悟りを開くための場所または部屋なり。陽を当てること、きれいにすること」とか「太陽は生き物になくてはならないもの。草や木や動物に太陽の陽射しが与えてくれる力は大きい」という意味のことを夢の中では教えられました。家を生き物と考えると、人間で言えば頭の部分にそのエネルギーを与えることがとても大切なのだそうです。

となると、床の間は必ず東か南向き、家の南東の位置にこないといけない。床の間の東や南の部分に屋敷の土地が余っているからといって増改築して床の間を暗くすると大変。これはすぐに家族に変化が出てきます。病気になったり精神的におかしくなったりするので、十分気をつけないといけません。増改築ではなくても、例えば床の間の東側や南側に車を停める場合、

車だけでしたら問題はありませんが、そこに屋根付きの駐車場を造ると、それは家の一部とみなされますので危険です。

また、これは土地を選ぶときの問題ですが、土地の東側に山や背の高い障害物などがあって朝日が入らないような家は絶対に勧めません。南側にそういう障害物がある場合は、できるだけ離せば家を建てることができる場合もありますが、太陽の光が入ってくる方角には何も遮断物がない場所をなるべく選んでください。

○水回りは北西に可能な限り狭く小さく

土地を清めることと同様に大切なのが、建物の水回りです。トイレや風呂場、台所は、必ず家の北西に、できるだけこじんまりと造ります。なぜ北西かと聞かれても、僕には答えることができません。しかし、家の南側や東側にあった水物をそういうふうに移して、病院でも治らなかった病気が治った方はたくさんいらっしゃるのです。

僕と同じように、理由は分からなくても昔の沖縄の人は「水物は北西に」とだいたい知っていたのではないでしょうか。古い沖縄の家はだいたいそのような造りになっていますし、年配の方々に聞いたら「あんやたんやー（そうだったねえ）」とみんなおっしゃいます。

トイレ、風呂場、台所と、水を使う場所は必ず汚れ物が出てくるし、それが土地を汚すことも十分考えられます。それに、昔は風呂場とかなくて、洗濯物や食べ物を洗ったりするのも近くの井戸や川などでやって、屋敷内で大量に水を使うということも今のようにはなかったはずです。便利だからと、本来はなかったものを家の中に入れるのですから、造る方は謙虚な気持ちで狭く小さく造らないと、これも神御無礼になるわけです。簡単に説明すると、家を六等分してその一番北西に当たる部分にすべて収めるようにします。

トイレや風呂場を大きく造ったら一時はぜいたくな気分にもなるかもしれませんが、それはきっと続きません。水回りの位置や大きさが悪いと、まず家族の和がおかしくなってきます。それまではとても良い家族であっても、その家に住むようになってお父さんが頑固親父になって手がつけられなくなったり、酒を飲んで暴れたり、子供たちも落ち着きがなくなって人様に迷惑をかけるようになったり、それから、家族の誰かが、または複数の人間が原因不明の病気になったりします。

○一つの屋敷内に複数の建物は造らない

大きな敷地に住んでいる方々は、空いている土地にもうひと棟建てて家族の誰かを住まわせたり、借家にして他の人に貸したりすることもあるでしょう。その場合は、必ずふた棟の境界線をはっきりと区切る必要があります。「屋敷囲いは忘れずに」の項でも説明しましたが、家一軒ごとに神様が宿りますので、境界線がないと一つの敷地に二軒分の神様を同居させることになり、神御無礼となります。ここからここまでがこの家の敷地ですよと明確にすることが、神様の居心地を良くするのです。先にも言いましたが、それは木や竹などの生け垣でも構いません。

◯二階建ての場合は、床の間や台所、トイレなどは上に

市街地では土地の確保も難しくなり、最近ではより土地を有効に使おうと二階建て住宅を造る人も多くなりました。それ自体は全然問題はありませんが、大切なことは、床の間や台所、トイレといった神様が宿る場所は、すべて二階に上げたほうが無難だということです。

人間は神様の上を歩けません。そういう神様がいる場所の上に部屋を造った場合、うなされたり熟睡できなくなります（一六三ページのエピソード参照）。今皆さんが住んでいる家にそういう部屋があるのであれば、まず試してみたらいかがでしょうか。熟睡できないとか金縛りにあうとか、きっと精神的に落ち着いて眠れないに違いありません。これは大人でも子供でも同じです。

どうしても一階に置きたいのであれば、例えば床の間や台所の火の神がある場所の真上の部分を押し入れにして人が歩かないようにするなどの配慮をしないといけません。

お風呂場には特別な神様はいませんが、やはり水物ですので、その上に部屋を造っても寝たりすることはできません。ですから、一階にお風呂場を造ったらその上はトイレにするなどの方法で対応してください。

また、最近は二世帯住宅を造るので一階にも二階にもトイレを置きたいと望まれる方がいらっしゃいます。家造りは人間の身体を想定して造りなさいと言われていますので、お尻に当たるトイレも一つだけあるのが一番なのですが、家庭の事情でどうしても一階と二階の両方に造らなければならないケースもあります。そのときは、一階のトイレの真上に二階のトイレも造り、家の神様に「この家は二世帯住宅で○○家と○○家が別々に住みますので、トイレを二つ造ることをお許しください」と拝みを通します。

その他の神御無礼に注意しないといけない点

浄化槽

「もっと細かく確認してみよう」の『土地を汚していないか』の項でも触れましたが、浄化槽は家の排水や汚物を一時的に溜める場所ですので、土地を汚す可能性がとても高いことをいつでも気にしておかなければなりません。昔の浄化槽はコンクリートで固めた箱型が多かったので、地震などで割れ、そこから汚物が漏れて土地を汚すこともよくありました。

今はグラスファイバー製になって耐久性が向上しましたが、百%完全というわけにはいきません。何らかの破損で土地を汚すことも考えられます。そのときには、まず排水パイプが詰まるなど人間が気づくような「知らせ」が土地の神様からありますので、それを見逃さないようにしてください。放っておくと危険です。

花壇・家庭菜園

庭にはたくさんの花々を咲かせ、家庭菜園で緑も増やしたいと思う方々も多いでしょう。木を植えたり草花を育てることは土地を汚すことにはなりませんので、自由に楽しんでください。気をつけてほしいことは、地面に直接肥やしを入れないということ。それは土地を汚し、神御無礼になります。肥やしを必要とする植物はプランターで栽培するなど、いろいろ工夫してみてください。庭に植えた木々から落ちた葉などを土に還元することは問題ありません。また、床の間のある部屋の周りに大きな木を植えて部屋が暗くなったりしないように気をつけてください。

車庫

車を駐車するだけなら別に方角などは関係ありません。ただ、屋根付きの車庫となると場所を選びます。家の東側や南側に造ると家の頭である床の間よりさらに上手の方になりますので、それは避けてください。逆に北側か西側には屋根付きの車庫を造っても構わないのですが、屋根の高さを母屋よりも低く造るようにしてください。

池

屋敷内に池を造ることは絶対にお勧めしません。水物だから北西に置けば問題ないとおっしゃる方もいるかもしれませんが、池をいつでもきれいに管理することは至難の業です。必ず汚れて神御無礼になります。「かつては池もあったが、もう埋めたから大丈夫」と思っていらっしゃる方は、ちゃんと水ゴケなどの汚れまできれいに落として、池の基礎であるコンクリートやプラスチックまで取り除いたか思い出してください。

これはほんの一例ですが、慢性鼻炎などでいつも鼻がグズグズしているという方の家（あるいは実家）は、これらが汚れたまま埋められている可能性があります。

水タンク

断水が多かった沖縄では、今でもその名残りで家庭に大きな水タンクを備えている家が普通です。これも地面の上に置くときには建物の北西に。最近では建物の下に地下タンクを置く場合もあるようですが、民家でこのスタイルを取り入れるのは勧めません。人は水の上には住めないからです。通常は建物の屋上に置くことが多いのですが、それなら問題はありません。

土地屋敷の拝みは自分でできる

沖縄では、旧暦の一月（初拝み《はちうがん》）と三月（地域によっては二月）、八月、十二月に屋敷の拝み《やしちぬうがん》を行います。ユタに頼む方もいらっしゃいますが、日頃お世話になっている土地屋敷にお礼と今後の御加護をお願いするのですから、できれば家族の方々にやっていただきたいものです。もちろん、家族全員で拝むのが理想ですが、通常はその家の一番の年長者、または家長が担当します。

土地屋敷の拝みはそんなに難しいものではありません。必要な道具と拝みの種類などをここで紹介しましょう。

拝みに使う道具

○供え物（盆に乗せた果物など）○線香　うちかび（紙銭）
○白紙《しるかび》（習字用半紙を八等分し、そのうちの三枚を重ねてさらに半分に折ったものでひと組）
○お酒一、二合とお猪口　○小皿に盛ったお米

右に挙げた道具を一つずつ説明しましょう。

まず「供え物」ですが、これは果物でもお菓子でも何でも構いません。数にもこだわらないで結構です。僕はだいたい果物を三品ぐらい準備しますが、ないときにはトマト一個だけを供えたこともあります。あなたが好きなもの、拝みが終わったら捨てることなく食べられるものを選んでください。大量にお供えしたり、人があまり好まないものを供えたりして終わった後に食べずに捨てるくらいなら、お供えしない方がましです。自分たちが喜ぶものを出すことが神様を喜ばせます。何もないときは素手でも構いません。お供物は感謝の気持ちを形にしたもの。神様は物を欲しがっているわけではありませんので、気持ちがあれば拝みはかないます。

次に線香、ヤマト線香でも沖縄の平御香《ひらうこー》でも、どこの国の御香でも大丈夫で、数も特に決ま

りはありません。僕は沖縄のお年寄りも安心するので平御香を使っています。数は十二本三本で一セット。平御香は一枚が六本の計算ですので、二枚と半分です。これは沖縄では一般的によく使われる数です。ときどき拝みを頼まれてその土地屋敷に手を合わせることがあります。中には、うちではもっとたくさん御香を使うという家族もいらっしゃるので、そのときはどんどん燃やしてくださいと言っています。拝みをする家族が安心すればそれで良いと思います。

方言でウチカビとかカビジンと言われている紙銭は三枚で一セット。沖縄だったらたいていのスーパーやコンビニで手に入ります。

拝みの基本的なやり方は、紙銭《うちかび》に白紙《しるかび》を乗せ、その上に火をつけた御香を置いて感謝の言葉とお願いごとを述べます。拝みが終わったら、線香の前の地面にお米をひとつまみ置き、そこにお猪口に入れたお酒も少したらして神様に捧げ、終了です。言うまでもありませんが、最後に火をちゃんと消すことを忘れないでください。

では、次に代表的な拝みの種類をいくつか挙げましょう。

火の神拝み《ひぬかんうが》

火の神は沖縄では一番親しまれている神様なので、旧暦の一日・十五日に手を合わせる年配の方々も数多くいらっしゃいます。そこで日々の感謝と今後のお願いするのです。また、土地屋敷の拝みをするときには、まず最初に火の神に「今日はどんな拝みをします」と報告します。「土地屋敷に宿る神々」の項でも説明しましたが、火の神の前で報告したことはどこの神々にも伝わりますので、土地屋敷の拝みをするときもここを先に拝んで間接的に伝えてもらうわけです。他の神様方に火の神を通して予約を入れるわけですね。

先ほど説明した一セットの線香を御香炉《うこーる》に差して拝みますが、御香炉がない場合はコンロの上にアルミホイルを敷き、その上に割り箸などを横に置いて御香を縦に添えます。割り箸の高さの分だけ燃えている御香の先が浮きますから、御香炉のない場所ではよくこの方法をとります。火の神に拝む場合は紙銭や白紙は必要ありません。お茶やお水を添える家庭もありますが、気持ちがあれば、御香だけでも大丈夫。お供物はご自由に用意してください。

では、どのような言葉で拝みをすればいいのでしょうか。拝みというのは気持ちの問題ですから、方言でも標準語でも、英語でも何語でも大丈夫。もちろん決まりなどありません。ただ、それだと要領が分からないという方のために、基本的な文句がありますので紹介しましょう。

「私○○と妻○○、子ども○○（全員の名前を言う）を常日頃からかわいがってくださり、守ってくださいましてありがとうございます。この土地屋敷で健康に過ごせますように、器量と知恵をくださって、私○○と妻○○、子ども○○（全員の名前を言う）のやることなすことすべて良い方向に向けてくださいますように、人に劣らぬ良い仕事をさせてください。お金も儲けさせてください（それ以外に、家族が望んでいることを継ぎ足す）」

火の神拝みは旧の一日・十五日に行うと言いましたが、それ以外にもお願いごとがあるときにはいつでも構いません。お願いごとをする場合でも最初はまず感謝の言葉から始めます。できれば、一日・十五日には火の神だけではなく「床の間」の神様にも手を合わせるようにしてほしいものです。床の間の神様は、そこに住む人間の徳や知恵を高めてくれる神様ですから。

屋敷拝《やしちうがん》み

旧暦の三月（地域によっては二月）、八月、十二月に行う「屋敷拝み」は、土地屋敷に日々の感謝とこれからも家族を守ってくださいというお願いをするための拝みです。その月になれば日は選びませんので、都合の良いときにやってください。拝む場所は、まず火の神、続いて屋敷囲いの内側の四隅、門、紫微鑾駕、トイレの八カ所です。

火の神に「今日は屋敷の拝みをします」と報告した後、屋敷の四隅の拝みに移ります。お盆に乗せたお供物を置き、紙銭に白紙を重ねてその上で火をつけた御香を置きます。「屋敷の拝みをします」と言った後で、「火の神拝み」で紹介した基本的な拝み文句を続け、最後にお米とお酒を捧げます。一カ所が終わると供え物をウサンデー（神様に供えたものを譲り受ける）して次の場所に移動しますから、お供物はお盆一枚分だけあればいいのです。

四隅の拝みが終わったら、お供物を持って門に移動します。門の拝みだけは御香と紙銭、白紙を三セット用意し、門の左右の柱の下と中央、その三カ所に置きます。拝むときはお供物を中央の御香の手前に置き、人間もそこから外に向かって拝みをします。拝み文句は一緒です。

次に拝む場所は紫微鑾駕の神様。家で一番大きいこの神様は屋敷の中央の柱に宿りますので、家が南向きだったら南側の面の真ん中辺りから、東向きだったら東側の面の真ん中辺りから、家の中央に向かって、供え物と線香を添えて拝みます。最後にトイレでも同じような拝みをします。屋敷拝みの場合は、基本的に文句を変える必要はありません。

屋敷の中に井戸がある場合は、井戸の神様も拝んでください。

初拝《はちうが》み

初拝みは、旧暦の元旦から三日までのいずれかの日に行う、いわば新年のあいさつです。拝む場所や方法は屋敷拝みと変わりませんので、火の神から順序良く拝んでください。初拝みは、まず最初に「今年は○年、○年《どし》です」と報告してから拝みを始めます。家族全員の名前を挙げてこれまでの感謝と今後の健康祈願をするのは同じですが、年の始めの拝みですので、念入りにお願いごとをするのが習わしです。例えば「今年は次男の○○が生まれ年ですので、よりいっそうかわいがっていただき、やることなすこと良い方向に向けてください」とか、「長女の○○が受験です。ぜひとも合格させてくださいますよう、娘を頑張らせてください」など、家族一人ひとりの目標や願いを伝え、かなえてくださいと手を合わせます。

初拝みの場合、門の拝み方だけは屋敷拝みのときと方法が変わりますので注意してください。お供え物を置き、三カ所で御香を焚くのは一緒ですが、そのときにお塩も三カ所にひとつまみずつ添えるのです。そしてお祈りをする際に、沖縄の方言では「悪い風《やなかじ》、下の風や家《やー》ぬ内かい入《い》ってーくぃみそーんな。口難口ぐとぅん門《じょう》ぬ内けー入ってーくぃみそーんなよー」という言葉を加えます。「悪い風、汚い風は家の中には入れないでください。人の非難中傷も門から中には入れないでください」という意味ですので、正月の拝みのときにはこの文句も忘れないでください。

「悪い風《やなかじ》や獣《いちむし》ぬ精《しー》、下ぬ風や恨み怨念《うにん》、向かせ《んかーし》拝み（悪い風というのは動物の霊、下の風というのは人の恨みや怨念、人の不幸を願う悪い拝み）」というふうに僕は教えられました。

自分の知らない所で悪口を言われたり他人から恨みや怨念をかけられたりすることを、沖縄の言葉では「口難《くちなん》、口ぐとぅ」と言い、「『口難、口ぐとぅ』や人《ちゅ》ん倒《とー》すんどー（悪口や恨みは人も倒してしまうよ）」と昔から怖れられていました。

土地屋敷の拝みは直接は関係しませんが、人間の健康状態に影響することなので、少し詳しくお話しします。

「あれは自分より仕事ができて邪魔だから、失敗させてください」と頼まれて聞き入れる神様はいませんが、そういうふうに思われている人が知らず知らずのうちに元気がなくなったりすることはあります。それは恨みが効いているのではなく、その家の火の神が「お前はだれかに悪い感情をもたれているよ」と教えているのです。ひどいときにはだるくて仕事もできない状態が何日も続くことさえあります。

その「口難、口ぐとぅ」を外すためには、本人かその家族が火の神の前で、症状がひどい場合にはフールの神様の前で「自分（または家族の○○）に『口難、口ぐとぅ』がかけられているのであれば、そう言っている人に返してください。他人に悪く思われないように精進しますから」と祈ります。逆に、人の悪口を言ったり誰かを恨んだりして自分の調子がおかしくなったと感じたら、「口難、口ぐとぅ」が返ってきたのだと反省し、そのことを火の神の前で詫びればすべて元通りになります。この拝みは本人がやらないと通じません。

その他の土地屋敷に関する拝み

一年を通して何度か行う屋敷の拝み以外にも、いくつか知っておいていただきたい拝みがありますので、箇条書きにしました。これから家を造る方、または家を壊す方には、ぜひ実行してほしい拝みです。

家を新築するときの前拝み

買い求めたりした土地に新しく家を建てるときの拝みです。土地の中央から東側に向かってまず拝み、四隅でも同じように手を合わせます。そのときの拝み文句は、

「○○市○○番地（現住所）の○○（氏名）です。ここに何坪の家を建てます。お世話になりますので、末永く○○とその妻○○、子ども○○（全員の名前）を居心地良く住まわせてくださいますよう、よろしくお願いします」

から始め、「火の神拝み」の項で紹介した拝み文句の基本型を後に続けます。

拝みに必要なものは、お供え物と御香、紙銭、白紙などで、他の拝みと一緒です。

この拝みは地鎮祭とは別の物です。地鎮祭は大工の安全祈願のための拝みで、今はお坊さん

がやっていますが、昔は大工の棟梁が自ら行っていたそうです。そのとき、家の主は出席しなくてもよいのですが、心地よく仕事をしてもらうためにはできるだけ顔を出したほうが良いでしょう。

棟上げ式

昔の木造住宅では、家の骨組みが仕上がったときに棟上げ式をしました。家の中心に当たる棟木に、大工が「紫微鑾駕」と書く、またはそう書いた板を張り付けると、この家には神様が宿ったことになるからです。もちろん、そのときには拝みもします。現在では沖縄の住宅はほとんどコンクリートですので、僕は天井の板を張り付ける作業が行われる日に行っています。板を張る前に、家の中央部分で一番高い柱に「紫微鑾駕」の板を張り付けることもお願いするのですが、最近はそういう習慣がないようで、不思議そうな顔をする大工の方々もいらっしゃいます。

拝みは、家が南向きだったら南側の面の真ん中辺りから、東向きだったら東側の面の真ん中辺りから、家の中央に向かって供え物と御香などを添えて拝みます。「この家には○○（本人）と妻○○、子ども○○（全員の名）が住みます。紫微の方から降りてきてくださった紫微鑾駕の神様のお世話になります…」と拝んでください。その後に、もし子どもがいるのであったら「長男○○に良い嫁を迎えさせてください。次男○○に良い嫁を迎えさせてください。立身分家させてください。長女○○、次女○○は良い所へ嫁がせてください。子宝に恵まれますようにお願いします」と続け、他にもお願いごとがあれば付け加えます。仏壇がある場合は、さらに「仏様もこちらで崇めさせてください。仏様の居心地も良くしてください」とお願いします。

紫微鑾駕の神様は家の中で一番大きな神様ですので、家族一人ひとりの名を挙げて、末永くかわいがってもらえるように拝みをするのです。

家葺《やーふ》ち拝み（家が完成したときの拝み）

建物が完成したら、なるべく早めに拝みをします。お供え物や御香、紙銭、白紙などを準備するのは他の拝みと一緒です。まずは紫微鑾駕の神様、次に土地の四隅の神様を拝みます。そのときには、まずは名前を言って「○月○日から入居します。お世話になります…」と、先に紹介した拝み文句の基本型を続けると良いでしょう。

そこに住み始めると、まもなく親戚や友人を招いてお祝いをすることでしょう。日取りが決まったらその二、三日前に落成祝いの前拝みをします。火の神から始めて屋敷の四隅、門、紫微鑾駕、トイレを拝みますが、そのときには「○月○日に落成祝いをやります。親戚友人がた

くさん来ますので、驚かないでください。家が生まれたお祝いですので、一緒に祝ってくださ
い」と手を合わせます。

屋敷を改築するときの拝み

家を造るときは人間の身体を想定し、家を生き物であると考えなさいと教えられましたので、家の改築はいわば手術のようなものです。「神様方がもっと居心地の良いように造り直します。工事中は大きな音が出ますが、どうか驚かないでください」という拝みをします。拝む場所は屋敷の拝みと一緒で、まず火の神、土地の神様、紫微鑾駕、トイレの神様。改築は慎重に、元の家相より悪くなることは絶対避けてください。

引っ越すとき、家を壊すときの拝み

別の場所に引っ越したり、家を壊して新築したりするために長年住んでいた家を離れる場合に行う「育て御恩《すだていぐうん》・生まれ《うまり》御恩」の拝みは、とても大切です。これは火の神から始まり、床の間、土地の四隅、門、紫微鑾駕、トイレと、土地屋敷に宿るすべての神々の前で行いたいものです。「育て御恩」は、これまで長い間この家で育てていただいてありがとうございましたというお礼、「生まり御恩」は、その家に住んでいる間に妊娠、出産した場合、子どもを授かっ

たことをお礼するもの。拝みの方法は屋敷の拝みと同じです。

家で行う拝みはだいたいこのようなものです。面倒くさいと言わずに、できるだけそこに住む家族自身が土地屋敷の神様に直接お礼をしてください。自ら神々に近づいていこうという気持ちが大切なのですから。

彼岸・ウマチーの墓参り

最後に、お墓参りでの拝みについてもお話ししたいことがあります。彼岸などに祖先のお墓参りに行かれる方は多いでしょう。その際は、仏様に手を合わせる前にまずお墓の土地の神様に「この地で先祖を崇めさせてくださいましてありがとうございます」とあいさつしてから、仏様を拝むようにしてください。今では年配の方々もそういう習慣をほとんど忘れてしまっているようですが、昔はお墓の敷地内に「報恩の碑」と呼ばれる、その土地の神様を祀った場所がありました。東向きのお墓なら北東の方角に、南向きのお墓なら東の角の方にあったようです。皆さんのお参りするお墓にもしかしたら残っているかもしれません。もしなくても、先祖に手を合わせる前に、その方角に向かって土地の神様にお礼をするようにしてください。

家の話をしていながら、どうしてお墓の話までするのかとおっしゃる方もいらっしゃるかと思いますが、人間は仏になってお墓の中に入っても、その土地の神様のお世話になっているということを、重ねて言いたかったからです。

お墓の神様と家の神様とは「地つなぎ《ぢーちなじ》」と教えられました。どういう意味かというと、住んでいる土地屋敷を人間が汚したり、悪い家相の家を造って神御無礼をしたら、その知らせは人間だけではなくてお墓の神様にも伝わり、亡くなった先祖がお墓に住みづらくなるというのです。そうなると、祖先は子や孫の前に姿を現すようになります。いわゆる幽霊です。土地屋敷の神様に御無礼がないようにと、子孫に伝えに来ているのです。自宅で家族の誰かが幽霊を見たというならば、まずは住んでいる家の家相はどうかと考えてください。


良い家相の家を造り、土地をいつまでも清めていれば、人間は土地屋敷の神様から健康や知恵を授かります。しかし、逆に神御無礼を続けていれば、それは生きている人間に苦しみを与えるだけではなく、お墓に入った祖先まで苦しめることになるのです。人は自然の中にする神々があればこそ生きられるのだと、いつでもいつまでも、謙虚な気持ちで生きていかなければなりません。それが幸せを招くことにもなるのですから。

謙虚に生きることがどうして土地や家の家相と結びつくのかと、信じる気になれない方も世の中にはたくさんいるでしょう。でも、いつか何か気掛かりなことが起きたときは、こんな話もあったと思い出してください。

島《しま》渡《わた》る鳥《とぅい》やてぃん　天《てぃん》ぬ七光《ななひか》り貰《い》ーてぃるうぬむんぬ　ぬーし　人《ちゅ》がならんが

長嶺伊佐雄が、夢の中で聞いた祖先の言葉。「遠く海を渡っていく渡り鳥でさえも天からさまざまな七光り（恩恵・道標）を受けてあれだけの能力を発揮しているのに、どうしてそれよりもすぐれている人間が天の恩恵を感じようとしないのか」という意味。

長嶺伊佐雄　ながみねいさお
　1940年、フィリピン・ミンダナオ島生まれ。先の大戦で戦争孤児となり、10歳で糸満に売られて漁夫として働かされるなど、若い頃は辛酸をなめた。7歳頃から〈神の声〉が聞こえていたというが、それが祖先からの語りかけだと分かったのは20代になってから。30代半ばで生死をさまよう大事故に遭ったとき、その声に「(自分たちのムラをつくった創始者たちが眠る) 七腹イリクという墓を探し出せ」という使命を与えられた。退院後に墓を見つけると、今度はその創始者の一人が夢に現れ、「正しい家」の造り方を教え始めたという。以後、病院でも解決できない問題に悩む人々に人間の身体と家相の関係を語り、家の造りを変えさせて難病、奇病を治すという不思議な力を発揮する。1998年本書を出版し、大反響となる。その後も数多くの人々を相談を受け「正しい家相」の教えを伝え続けた。
　2010年、「次の仕事があるから」と言い残し、永眠。

長嶺哲成　ながみねてつなり
　1962年、沖縄県那覇市生まれ。長嶺伊佐雄の息子。地元週刊新聞編集長をへて、フリーの編集者・ライターとなる。泡盛の魅力を学び伝える「琉球泡盛倶楽部」の会長 (2008～) で自らも泡盛古酒と琉球ダイニング「カラカラとちぶぐゎー」経営。泡盛マイスター。

カミングヮ　家族を癒す沖縄の正しい家相〈新装版〉

1998年12月10日　初　版　第1刷発行
2011年　7月23日　第2版　第1刷発行
2021年　6月30日　　　　　第4刷発行

著者　長嶺伊佐雄・長嶺哲成
発行人　池宮紀子
発行所　㈲ボーダーインク
沖縄県那覇市与儀226-3　〒902-0076
TEL 098-835-2777　Fax 098-835-2840
印刷所　株式会社　ヒラヤマ

ISBN978-4-938923-73-0